Готвач за сензации на шафран

100 рецепти кои го слават ароматичниот и егзотичниот зачин

Алекзандр Четрафилски

СОДРЖИНА

ВОВЕД

Што е шафран?

Шафранот е зачин добиен од цветот на Crocus sativus, попознат како „шафран крокус". Живописната темноцрвена стигма и стилови, наречени нишки, се собираат и сушат за употреба главно како зачини и боење во храната. Шафранот содржи хемикалии кои можат да го променат расположението, да ги убијат клетките на ракот, да го намалат отокот и да делуваат како антиоксиданти.

Кои се придобивките од шафранот?

● **Антиоксидативен засилувач** -Шафранот, како и многу други билки и растенија, е богат со антиоксиданси. Овие супстанции помагаат во борбата против оштетувањето на клетките и може да спречат рак или други болести. Истражувањето исто така покажа дека антиоксидансите во шафранот може да бидат здрави за вашиот мозок и нервен систем.

● **Олеснувач на ПМС**-Предменструалниот синдром (ПМС) може да предизвика различни симптоми, од карлична болка до појава на акни. За многу луѓе, ПМС влијае на нивното ментално здравје, предизвикувајќи анксиозност, депресија и промени во расположението. Некои мали истражувачки студии открија дека шафранот може да ја подобри депресијата поврзана со ПМС.

● **Помош за губење на тежината** -Губењето тежина може да биде тешко, особено кога се чини дека вашиот апетит работи против вас. Една студија на група жени покажа дека земањето шафран им помага да се чувствуваат помалку гладни и да грицкаат поретко.

● **Третман на напади**-Шафранот се користи како антиконвулзивен (анти-напад) лек во иранската народна медицина. Некои студии во биолошки модели покажуваат дека може да скрати некои типови на напади.

- **Лек за ЕД**-Еректилната дисфункција (ЕД), способноста да се одржи ерекцијата, погодува милиони. И шафранот може да биде третман за ЕД, според некои истражувања.

- **Третман на Алцхајмерова болест**-Шафранот може да биде ефикасен како лек на рецепт за лекување на блага до умерена Алцхајмерова болест. Не постои лек за Алцхајмеровата болест, но студиите сугерираат дека шафранот може да помогне да ја забави неговата прогресија и да ги ублажи симптомите.

- **Третман на депресија**-Депресијата е нарушување на менталното здравје кое погодува милиони луѓе ширум светот. Третманот може да вклучува различни видови терапија или лекови. Некои студии покажуваат дека консумирањето шафран може да помогне при симптоми на депресија.

Како да се користи шафран

Потопете неколку нишки во топла вода за да направите чај од шафран или измешајте ја течноста во солени јадења за вкус. Можете исто така да купите капсули од шафран за голтање ако не ви се допаѓа вкусот.

ПОЈАДОК

1. Шафран и домати Шакшука

Прави: 6 порции

СОСТОЈКИ:

- 1 лажица маслиново масло
- ½ жолт кромид ситно сецкан
- 4 чешниња лук грубо сецкани
- 1-лита чери домати исечени на половина
- 1 ½ лажица доматна паста
- ¼ лажичка мелен ким
- ¼ лажичка мелен коријандер
- Нотка нишки од шафран вкупно 10-15 конци
- 2-4 лажици вода
- 6 јајца
- 4 зелени главици кромид сецкани
- ¼ чаша сецкан цилинтро
- ¼ чаша фета сирење се распарчи
- Кошер сол и свежо испукан црн пипер

ИНСТРУКЦИИ:

☑ Загрејте го маслото во голема тава од 10 инчи на средно висока температура, додадете кромид и пржете 5 мин.

☑ Додадете лук, домати, доматна паста и зачини и зачинете со сол и бибер. Покријте и варете околу 5 минути мешајќи до половина. Отстранете го капакот и измешајте со вода.

☑ Еден по еден направете мал бунар во сосот од домати и крцкајте јајце во него, повторете го со останатите јајца. Намалете ја топлината на средно и покријте 3-5 мин.

☑ Проверете ги јајцата за да видите дали се направени по ваш вкус, а потоа украсете ги со зелен кромид, цилинтро, фета и дополнителна сол и бибер по потреба. Послужете веднаш.

2. Крепи од шафран

Прави: 12 крепи од осум инчи

СОСТОЈКИ:
- 2 нотка шафран
- 2 јајца
- ¾ чаша млеко
- ½ чаша вода
- ½ лажичка сол
- 2 до 3 лажици стопен путер или лесно маслиново масло
- 1 чаша небелено брашно
- 3 до 4 листови босилек, ситно исечени

ИНСТРУКЦИИ:
☑ Покријте ги нишките од шафран со лажица топла вода во помал сад. Стави на страна.

☑ Измешајте ги јајцата, млекото, ½ чаша вода, солта, путерот и брашното во блендер. Накратко обработете и изгребете ги страните надолу. Процесирајте 10 секунди подолго. Истурете во голем сад. Промешајте со шафран и босилек.

☑ Оставете да одмори, покриено, 1 час или подолго. Направете крепи во тава за павлака користејќи ги упатствата на производителот.

☑ За да го направите тестото со рака, покријте ги нишките од шафран со лажица топла вода во помал сад. Стави на страна.

☑ Во голема чинија лесно изматете ги јајцата. Измешајте млеко, ½ чаша вода, сол, путер или лесно маслиново масло. Изматете брашно. Промешајте колку да се соединат СОСТОЈКИ: и процедете.

☑ Промешајте со шафран и босилек. Оставете да одмори 30 минути. Направете крепи во тава за крепи.

☑ Ставете крепи за да се загреете или подгответе однапред, завиткајте во фолија и чувајте ги во фрижидер. Загрејте, завиткано во фолија, во рерна.

3. Овесна каша со шафран

Прави: 2 порции

СОСТОЈКИ:
- 1 лажица шафрански нишки, поделени
- 2 лажици топла вода
- 2 чаши валани овес без глутен, доколку е потребно
- 1 шолја + 1 лажица незасладено бадемово млеко, поделено
- 1 шолја вода
- ½ лажичка морско оревче
- ½ лажичка кардамон во прав
- Јаворов сируп (опционално)
- 2 лажички исечени бадеми

ИНСТРУКЦИИ:
☑ Комбинирајте ги нишките од шафран со топла вода во сад или чаша и оставете го да кисна. Резервирајте 1 лажица.

☑ Комбинирајте валани овес, 1 чаша бадемово млеко, вода, морско оревче, кардамон во прав и вода од шафран во сад. По желба додадете јаворов сируп. Во микробранова печка 2-3 минути.

☑ Соедините со лажица и додајте ги преостанатите нишки од шафран, резервираната шафранска вода, преостанатото бадемово млеко и исечканите бадеми.

4. Фритата од шафран од компири

Сочинува: 4

СОСТОЈКИ:
- ½ средно црвен кромид, ситно мелено
- 1 среден компир Русет, ситно исечен
- 8 големи органски јајца
- ⅓ шолја рендан пармезан
- ⅛ лажичка шафран
- морска сол и црн пипер по вкус
- 4 лажици екстра девствено маслиново масло

ИНСТРУКЦИИ:
☑ Загрејте го маслото во средна тава на средна температура 1-2 минути. Кромидот и компирот ситно исечкајте ги, а потоа додадете ги во тавата и пржете на средно ниско околу 8 минути или додека кромидот не стане просирен, а компирот не омекне.

☑ Изматете ги јајцата со пармезанот и шафранот во сад со средна големина, а потоа додадете ги во тавата. Гответе околу 5 минути со постојано мешање за да се измешаат. Извадете ги јајцата од тавата и оставете ги настрана во средна чинија.

☑ Вратете ја тавата во рингла и додадете уште 1-2 лажици. од маслиново масло. Зголемете ја температурата на средно-висока и загрејте го маслото 1 минута.

☑ Вратете ги јајцата во тавата, формирајќи колаче со шпатула додека се варат, нежно протресете ја тавата за да не се залепат јајцата и притискајте за да се осигура дека фритата е униформа.

☑ Гответе околу 2 минути, а потоа покријте ја тавата со голема рамна чинија. Држете ја рачката од тавата и притиснете го центарот на чинијата со дланката од другата рака, а потоа превртете ја фритата на чинијата.

☑ Вратете ја фритатата во тавата и варете уште 2 минути од другата страна.

☑ Оставете да се излади неколку минути, а потоа исечете ги на саканите парчиња.

5. Корнски леб од шафран

Прави: 2 леба

СОСТОЈКИ:
⅛ лажичка Шафран
¼ чаша врела вода
⅓ шолја млака вода
2 лажички Шеќер
1 лажица квасец
¾ чаша млеко; попарени
⅓ чаша Скратување
½ чаша Шеќер
1 лажичка Сол
½ лажичка мелен кардамон
2 Јајца
½ чаша рибизли
¼ чаша кора од цитрон
2 лажички кора од лимон
5 чаши Брашно.
Додадете шафран во врела вода и стрмни. Додадете квасец на 2 лажички. шеќер и вода и чувајте ги топлите за да растат. Во сад за матење измешајте попарено млеко, слатки, шеќер, сол и кардамон. Изладете и додадете шафран, квасец и јајца. Добро победи. Додадете рибизли, цитрон, кора од лимон и половина брашно.

Добро победи. Додадете доволно од преостанатото брашно за да направите меко тесто.

Месете додека не стане мазно и еластично. Оставете да нарасне, а потоа поделете го на два леба или 2 дузини лепчиња и оставете да нарасне. Печете на 375 F. 30 t0 40 минути.

6. Куркума и млеко од шафран

Прави; 1 порција

СОСТОЈКИ:
1 шолја млеко
3 прамени шафран
1/2 лажичка куркума во прав

ИНСТРУКЦИИ:
Доведете ги да се варат сите состојки заедно. Оставете да се вари на тивок оган 1-2 минути

Подготвен за послужување. Додадете бланширани бадеми за поздрав и хранлив напиток

Пијте го ова еднаш дневно за да бидете поздрави.

7. Шафрански бухти

Прави: 16 порции

СОСТОЈКИ:
- ¼ чаша Вода -- топла
- ¼ лажичка Шафрански нишки -- издробени
- ½ шолја 1% млеко
- ¼ чаша Шеќер
- 2 лажици маргарин, имитација --
- 1 ½ лажичка Сол
- 1 големо јајце
- 1 лажица квасец -- +2 лажички
- 3 чаши брашно за сите намени, небелено
- 1 голема белка од јајце -- лесно изматена
- 1 лажичка Вода
- Бисер шеќер

a) Соедините ја топлата вода и шафранот и оставете да отстои 10 минути за да омекне шафранот. Во сад за матење изматете ја шафранската вода, млекото, шеќерот, путерот, солта, јајцето, квасецот, 2 чаши брашно.

b) Додадете доволно од преостанатото брашно за да направите меко тесто. Месете го тестото, па оставете го настрана да стаса додека не подуе (но не мора да се дуплира на големо), околу 2 часа.

c) Истурете го тестото и оставете го да отстои покриено 10 минути. Поделете го тестото на 16 парчиња, а секое парче обликувајте го во топка.

d) Ставете ги топчињата прилично блиску една до друга (но не допирајќи се) во тава за пица со длабочина од 12 инчи или тавче со димензии 9 x 13 инчи, покријте ги и оставете ги да нараснат 1½ час, или додека не се надујат.

e) Лепчињата премачкајте ги со мешавина од изматена белка и вода, а потоа посипете ги со бисер шеќер.

f) Печете ги во загреана рерна на 375 степени F 20 минути или додека не порументат.

g) Послужете со путер или крем од Девон.

8. Шафран јогурт

Прави: 4 порции

СОСТОЈКИ:

- 1 прстофат шафран прамен
- 3 лажички врела вода
- ½ пивца јогурт во грчки стил; (300 ml)
- 4 мешунки од кардамон
- 6 лажички шеќерен шеќер

а) Потопете го Шафранот во вода 30 минути. Измешајте го шафранот и водата со грчкиот јогурт.

b) Здробете ги мешунките од кардамон, извадете ги семките и измелете ги со толчник и малтер колку што е можно поситно. Промешајте во јогуртот со шеќерот.

с) Добро изладете го и послужете го украсено со кора од лимон. Овој јогурт одлично оди со свежо овошна салата.

9. Чај од шафран

Прави: 1 порција

Состојки
- 6 – 9 нишки од Гози шафран
- Црн или зелен чај
- 2 чаши вода
- 1 лажичка Розова вода
- Кардамон (опционално)

Правци
a) Зоврјте вода и истурете ја во чајник.
b) Во чајник додадете шафран, црн или зелен чај, розова вода и кардамон и оставете го да се вари десет минути.

10. Леден чај со шафран ф'стаци

Прави: 2

СОСТОЈКИ:
- 2 кесички црн чај Асам чај
- 2 чаши Топла вода
- 1 лажичка Конзервација од роза
- 2 лажички ф'стаци бланширани и пресечени
- 2 каранфилче
- 1/2-инчен цимет
- 1 кардамон
- 1 лажичка шеќер по желба
- 1 прстофат нишки од шафран
- 6 коцки мраз

ИНСТРУКЦИИ

a) Замрзнете ги чашите за сервирање 10 минути.

b) Целите зачини и чајот врзете ги во крпа од муслин.

c) Оставете ја водата да зоврие. Во зовриената вода додадете ја крпата од муслин.

d) Оставете ги кесичките чај и кесичката за зачини да се стрмат 5 минути.

e) Процедете во сад. Додадете ја конзервата од роза и дополнително шеќер.

f) Измешајте ги половина ф'стаци и добро измешајте.

g) Истурете во замрзнатите чаши.

h) Додадете уште неколку коцки доколку е потребно. Одозгора ставете ги преостанатите ф'стаци и шафранот.

i) Послужете го веднаш разладено.

АПЕТИ И ЗАГРОЦИ

11. Топчиња од ориз со шафран и микрозелени

Сочинува: 6

СОСТОЈКИ:
- 1 шолја рижото ориз
- 1 бел кромид, ситно сецкан
- 1 чешне лук, ситно сецкан
- 2 лажици маслиново масло
- 1 ½ шолја бело вино
- Бујон од зеленчук од 1 литар, загреан
- 1 прстофат шафран
- сол и бибер, по вкус
- 1 чаша Пармиџано, ситно изрендано
- 1 чаша моцарела, ситно сечкана
- 4 јајца
- 1 чаша брашно
- 1 шолја презла
- 1-литар растително масло
- Зачинета мешавина микрозелени

ИНСТРУКЦИИ:

a) Во тенџере или вок, загрејте го маслиновото масло, потоа додадете ги кромидот, лукот и оризот и варете додека кромидот не стане транспарентен.

b) Деглазирајте со бело вино со постојано мешање додека течноста целосно не се впие, а потоа додадете лажичка растителен бујон, сол и бибер и додадете шафран и пармигија. Ставете го во фрижидер барем една ноќ.

c) Во сад за матење со раце изматете го ладното рижото, 3 јајца и моцарелата.

d) Состојките за печење треба да се подготват во три чинии: во еден брашно, во друг 1 јајце и во третиот презла.

e) Користејќи ја смесата за рижото, тркалајте топчиња со големина на топче за голф во вашите дланки. После тоа се премачкува со брашно, па јајце и на крај презла.

f) Во загреан тенџере, загрејте го растителното масло, а потоа варете по неколку аранчини додека не станат кафеави и крцкави.

g) Послужете на кревет со мали, лиснати зелени, топли или ладни.

12. Зачинета зимска крута

Забелешки: 4-6

СОСТОЈКИ:
- 1 Црвен кромид; излупени исечени
- 1 зелена пиперка; засеани и исечени
- 1 црвена или жолта пиперка; засеани и исечени
- 1 Репка; излупени и тенко
- 2 чаши Цвеќиња од карфиол
- 2 чаши Цвеќиња брокула
- 1 чаша бебешки моркови; исечените
- ½ чаша тенко исечени ротквици
- 2 лажици Сол
- 1 ½ чаша маслиново масло
- 1 жолт кромид; излупени и ситно; сецкани
- ⅛ лажичка Шафрански нишки
- Киткајте куркума, мелен ким, црн пипер, пиперка, кајен, сол

ИНСТРУКЦИИ:
a) Готовиот зеленчук ставете го во поголем сад, посипете го со 2-те лажици сол и додадете ја ладната вода.
b) Следниот ден исцедете го и исплакнете го зеленчукот. Подгответе ја маринадата со динстање на кромидот, зачините и солта во маслиново масло 10 минути.
c) Распоредете го зеленчукот во чинија од 9 x 13 инчи. Прелијте ги со топлата маринада.
d) Префрлете го во украсен сад за сервирање, или ладно или на собна температура.

13. Пилешки кабаби

Забелешки: 4-6

СОСТОЈКИ:

- Сок од 2 лимони
- 2 средни главици кромид
- 2 лажици путер
- Сол и бибер по вкус
- 1 лажица растително масло
- Нотка шафран (по избор)
- 20 пилешки бедра без коски

ИНСТРУКЦИИ:

a) Измијте ги и излупете ги парчињата пилешко и исушете ги на парче кујнска крпа. Нежно набијте го блицот за да дозволите маринадата да навлезе подлабоко.

b) Излупете го и изрендајте го кромидот. Исцедете што е можно повеќе од сокот и фрлете го.

c) Со помош на толчник и малтер, измелете го шафранот со ½ лажичка гранулиран шеќер во прав.

d) Префрлете го шафранот во чаша и додадете ¼ чаша врела вода. Покријте ја чашата со чинија и оставете ја на едната страна.

e) **МАРИНАДА**

f) Во плиток сад ставете ги парчињата пилешко и прелијте ги со ренданиот кромид. Додадете една лажица сок од лимон, растително масло и сол и бибер по вкус.

g) Измешајте за да се осигурате дека парчињата пилешко се добро покриени со маринадата. Покријте го садот со проѕирна фолија и оставете да отстои барем неколку часа.

ГОТВЕЊЕ

h) Загрејте скара додека не биде што пожешко.

i) Ставете пет парчиња пилешко од смесата за маринада на рамен метален ражен. Повторете додека не се потрошат сите парчиња.

j) Растопете го путерот и оставете го настрана. Ставете ги раженчињата на скарата и премачкајте ги со путер и сок од лимон. Ако користите шафран, неколку раженчиња премачкајте ги со шафран, а некои со сок од лимон.

k) Свртете за да се осигурате дека двете страни се убаво испечени на скара. Послужете на кревет со обичен ориз или парче свеж леб.

14. Фолури

СОСТОЈКИ:

- ½ фунта поделен грашок
- 1 чешне ситно сечкан лук
- ½ лажичка шафран во прав
- ⅛ лажичка сода бикарбона
- 1 лажичка прашок за пециво
- 1 лажица брашно
- 1 лажичка сол
- Сок од ½ мала лимета
- Две чаши масло или по потреба за длабоко пржење

ИНСТРУКЦИИ:

a) Измијте го расцепениот грашок и оставете го да кисне преку ноќ.

b) Исцедете го грашокот и измелете го до мазна конзистентност. Додадете ги сите останати состојки, добро измешајте и оставете да отстои еден час додавајќи малку вода доколку смесата стане премногу сува. Потоа повторно матете го додека не стане лесен и поматен.

c) Загрејте го маслото во тава. Ставете ја смесата по една лажичка во врело масло. Пржете додека не порумени или додека фолориата не исплива до врвот.

d) Исцедете ги и послужете веднаш со чатни од тамаринд или манго.

e) Прави: околу дваесетина, во зависност од големината.

15. Аранчини со печена тиква и горгонзола

СОСТОЈКИ:

- прстофат шафрански нишки
- 450 гр тиквички од путер, исечени на коцки од 2 см
- 3 лажици маслиново масло
- 50 гр путер
- 1 поголем кромид, ситно сецкан
- 2 чешниња лук, мелени
- 350 гр карнароли рижото ориз

- 250 мл бело вино или повеќе супа (видете подолу) ако сакате 750 мл супа од пилешко или зеленчук 90 г свежо рендан пармезан
- 60гр горгонзола исечкана на дванаесет коцки од 1см
- 100 гр обично брашно
- 2 јајца, лесно измातени
- 120 гр панко презла
- сол и свежо мелен црн пипер

ИНСТРУКЦИИ:

☑ Загрејте ја рерната на 200°C/180°C Вентилатор/гас Ознака 6. Потопете ги нишките од шафран во 1 лажица врела вода.

☑ Ставете ја тиквата во калап за печење со 2 лажици маслиново масло, лесно зачинете и варете 20-25 минути додека не омекне.

☑ Ставете го преостанатото масло и половина од путерот во тава со тешка основа и ставете ги на средна топлина. Како што се топи путерот, ставете го кромидот, намалете ја топлината на што е можно пониско и оставете нежно да се готви околу 20 минути, додека не омекне, но не обоен.

☑ Зголемете ја топлината на средно, промешајте низ лукот и пропржете само една минута пред да го додадете оризот.

☑ Промешајте ги пржете неколку минути додека зрната не почнат да стануваат прозирни, а потоа истурете со виното, доколку користите, или дополнителна супа.

☑ Мешајте често на средна топлина додека течноста речиси не се апсорбира, потоа истурете ја околу една третина од густинот, заедно со водата со шафран и продолжете да готвите и мешате околу 5-8 минути додека течноста речиси не се апсорбира. Додадете уште една третина од густинот и повторете, а потоа додајте ја преостанатата супа, редовно мешајќи додека не се впие и оризот само не омекне.

☑ Исклучете го огнот и измешајте го остатокот од путерот и пармезанот. Зачинете по вкус со сол и бибер и оставете го на страна да се излади - ако го намачкате на плех, тоа значително ќе го забрза.

☑ Грубо испасирајте ја печената тиква на даска за сечкање, а потоа поделете ја на 12 еднакви делови. Секоја порција израмнете ја на диск, а потоа ставете коцка горгонзола во центарот, пред да ја покриете со исцртување на тиквата околу страните.

☑ Во посебни чинии ставете ги брашното, јајцето и презлата.

☑ Расчистете ја работната плоча и поставете производствена линија: рижото, проследено со фил од тиквички, садот со брашно, садот со јајцата, садот со презла и на крајот чиста чинија на која ќе ги ставите готовите аранчини.

☑ Земете една дарежлива лажица рижото или измерете го свареното рижото и поделете го со 12 за да добиете еднакви делови: тоа е дополнителна работа, но вреди. Првото парче рижото превртете го во топка во дланките, цврсто притискајќи го. Потоа израмнете ја топката и додајте топка од фил од сквош до средината, исцртувајќи ги страните на рижото за целосно да го затворите како топка. Спуштете ја топката во садот со брашно и нежно превртете ја додека не се премачка.

☑ Потоа префрлете го во садот со јајцето, повторно тркалајте додека не се премачка, пред конечно да го испуштите и да го тркалате во садот со презла. Се трга на страна на чистата чинија и се повторува за останатите 11 аранчини.

☑ Загрејте го маслото во пржење со маснотии на 170°C/340°F. Пржете ги аранчините во серии од 3 или 4 околу 5 минути, додека не станат крцкави и златни.

16. Пржени стапчиња шафран-пармезан

Прави: 1 порција

СОСТОЈКИ:
- ½ лажичка Цврсто спакувани нишки од шафран
- ½ килограм квалитетен млад пармезан сирење
- 4 чаши сончогледово масло; за пржење
- 1 жолчка од јајце
- 1 ½ чаша мраз вода
- 1½ чаша просеано брашно плус, дополнително за премачкување

ИНСТРУКЦИИ:
☑ Во мало тенџере ставете 1 чаша вода да зоврие. Додадете шафран и варете 2 минути. Оставете да се излади на собна температура. Користете остар нож за да го исечете Parmigiano-Reggiano на тенки парчиња.

☑ Во мал сад измешајте сирење со течност од шафран и маринирајте 6 часа.

☑ Во пржено загрејте масло на 365 степени.

☑ Во сад изматете ја жолчката; додадете вода со лесно мешање да се соедини. Додадете 1½ шолја брашно одеднаш и нежно измешајте со вилушка или стапче за јадење додека не се измешаат.

☑ Парче по парче, премачкајте парчиња сирење со дополнително брашно; потопете ги парчињата темелно во тесто, а потоа брзо фрлете ги во врело масло.

☑ Гответе 2 до 3 минути, вртејќи повремено, додека не порумrenат и крцкаат. Со помош на решеткана лажица извадете го сирењето и исцедете го на хартиени крпи. Чувајте го топло додека го пржите остатокот.

☑ Посипете со сол и послужете веднаш.

17. Каснувањата од Бујабес

Сочинува: 24

СОСТОЈКИ:
- 24 медиуми Ракчиња, излупени и излупени
- 24 средни морски раковини
- 2 чаши Сос од домати
- 1 конзерва мелени школки (6-½ oz)
- 1 лажица Перно
- 20 милилитри
- 1 Ловоров лист
- 1 лажичка босилек
- ½ лажичка Сол
- ½ лажичка Свежо мелен пипер
- Лук, мелено
- Шафран

ИНСТРУКЦИИ:

☑ Ракчиња за ражен и ракчиња на 8-инчни бамбусови раженчиња, користејќи 1 ракчиња и 1 ракчиња по ражен; завиткајте ја опашката на ракчињата околу фестонирам.

☑ Во тенџере измешајте сос од домати, школки, перно, лук, ловоров лист, босилек, сол, бибер и шафран. Доведете ја смесата да зоврие.

☑ Наредете ја раженската риба во плиток сад за печење.

☑ Посипете сос врз ражничи. Печете, непокриено, на 350 степени 25 минути.

18. Кора од шафран од бело чоколадо

СОСТОЈКИ:

- 250 грама бело соединение чоколадо
- 1 лажичка сушени ливчиња од роза и грубо искршени
- 1/2 лажичка нишки од шафран
- 2 лажици смеса од мешани јаткасти плодови мелени
- Истурете кардамон, семки од анасон, морско оревче во прав
- 1/2 лажичка бел афион

ИНСТРУКЦИИ:

a) Користејќи го методот на двојно вриење. Чоколадото исечкајте го и на тивок оган стопете го на двоен бојлер. Можете исто така да го печете во микробранова.

b) Во меѓувреме земете хартија за пергамент. Нацртајте голем квадрат, користејќи молив

c) Свртете ја хартијата од другата страна, сè уште можете да ја видите контурата

d) Откако чоколадото е готово, истурете го на хартијата. Распоредете рамномерно, внимавајте да не е премногу тенок. Допрете за да се изедначи

e) Откако ќе завршите, брзо посипете ја смесата со јаткасти плодови, мешавината од зачини, сувите ливчиња од роза, шафранот

f) Нека се постави ова. Кога само речиси направете ознаки од кората на квадрати.

g) Кога целосно ќе се стегнат, скршете ги и наредете ги по ваш избор на послужавник или чувајте ги во херметички калап

19. Ракчиња во крем од шафран

Прави: 1 порција

СОСТОЈКИ:
1 килограм Ракчиња во лушпата
Добро нотка на шафран теми
450 ml Двоен крем
150 ml обичен јогурт; creme fraiche или кисела павлака
Шервил; власец или магдонос
Сол и црн пипер
1 лажичка рендана кора од портокал или мандарина; (1 до 2)

ИНСТРУКЦИИ:
Излупете ги ракчињата и оставете ги на страна. Ставете ги лушпите во тенџере со околу 300 мл вода. Се вари 5-10 минути, се цеди и се вари да се намали за половина.

Ставете го шафранот во 2 лажици од густинот од школки. Изматете ја павлаката додека не се стегне, преклопете го јогуртот и течноста од шафран и изматете уште еднаш. Измешајте ги билките и ракчињата и зачинете по вкус со сол, бибер и портокал.

Послужете како предјадење во „шолја" зелена салата или како предјадење во листови цикорија.

ГЛАВЕН КУРС

20. Маслиново пилешко во тенџере

Сочинува: 4

СОСТОЈКИ:
- 2 лажици кора од лимон
- 2 главици кромид, исечени
- 3 чешниња лук, мелено
- ¼ лажичка прамени шафран, здробени
- 4 пилешки бедра
- 2 чаши пилешка супа
- ¼ чаша листови од цилинтро, сецкани
- 1 лажица сок од лимон
- ¼ чаша листови од магдонос, сецкани
- 1 шолја маслинки, без кори и исечени
- Црн пипер
- 2 лажици маслиново масло
- ½ лажичка мелен ѓумбир
- Солта

ИНСТРУКЦИИ:
a) Измачкајте го пилешкото со сол, бибер и сок од лимон.
b) Запечете го пилешкото во врело масло околу 4 минути по страна.
c) Додадете ги останатите состојки, освен билките и варете 1 час на тивко.
d) Додадете ги билките и варете уште 10 минути, непокриено.

21. Пилешки гради во сенф-билка

Сочинува: 4

СОСТОЈКИ:
ЗА ПИЛЕ:
- 2 големи пилешки гради без кожа
- 2 чешниња лук
- Рузмарин
- 2 ловорови листови
- 25 гр путер
- Морска сол и бибер

ЗА СОСОТ:
- 25 гр путер
- 1 мал кромид
- 2 мали чешниња лук
- 1 лажица Брашно
- 50 ml Бело вино, суво
- 250 мл пилешки супа
- 5 нишки од шафран
- 200 мл крем
- Билки, мешани, по ваш избор
- 1 лажичка сенф
- Прехранбен скроб
- Шеќер
- Сок од лимон
- Сол и црн пипер
- 1 диск Гауда, среден век

ИНСТРУКЦИИ:

a) Загрејте ја бањата Sous Vide на 65 ° C.

b) Пилешките гради преполовете ги надолжно за да се создадат два мали котлети. Сол, бибер и ставете во кесичка со сос. Излупете го и исечете го лукот. Намачкајте го месото заедно со рузмаринот, ловоровите листови и путерот. Исчистете сѐ со правосмукалка и 30 мин. Гответе во водена бања.

c) Растопете го путерот и динстајте ги ситно исечканите кромид и лук додека не станат проsirни. Посипете со брашното и изглазнете со бело вино и супа. Додадете шафран и сѐ около 15 мин. врие на тивок оган. Извадете го месото од купката со соус Виде и кесата и ставете го во сад за печење.

d) Во сосот додадете го кремот, билките и сенфот. густинот од кесичката низ ситно цедилка за коса истурете го во сосот, по потреба врзете го со скроб и зачинете со сол, бибер, шеќер и сок од лимон. Доколку сакате, на самиот крај можете да ги додадете само билките и претходно накратко да го испасирате сосот.

e) Месото прелијте го со малку сос, не треба да биде целосно покриено и покриено со половина кришка сирење около 7 - 8 мин. готви на полна топлина.

f) Дополнително послужете го преостанатиот сос.

22. <u>Лосос во кари со вкус на шафран XE</u>

Сочинува: 4

СОСТОЈКИ:
- 4 лажици растително масло
- 1 кромид, ситно сецкан
- лажичка паста од ѓумбир-лук
- ½ лажичка црвено чили во прав
- ¼ лажичка куркума во прав
- лажички коријандер во прав
- Кујнска сол, по вкус
- 1 килограм лосос, со коски и
- коцки
- ½ чаша обичен јогурт, изматен
- 1 лажичка печен шафран

ИНСТРУКЦИИ:
a) Загрејте го растителното масло во нелеплива тава.
b) Пропржете го кромидот 4 минути или додека не стане транспарентен.
c) Гответе 1 минута откако ќе ја додадете пастата од ѓумбир-лук.
d) Измешајте го црвеното чили во прав, куркумата, коријандерот и солта.
e) Пропржете го лососот 4 минути.
f) Намалете ја топлината на минимум и измешајте го јогуртот.
g) Варете додека лососот целосно не се свари.
h) Темелно измешајте го шафранот.

23. Лингвина и Скампи од ракчиња

Сочинува: 6

СОСТОЈКИ:
- 1 пакување лингвин тестенини
- ¼ чаша путер
- 1 сечкана црвена пиперка
- 5 мелени чешнарња лук
- 45 сурови големи ракчиња излупени и излупени ½ чаша суво бело вино ¼ чаша пилешка супа
- 2 лажици сок од лимон
- ¼ чаша путер
- 1 лажичка мелени снегулки црвена пиперка
- ½ лажичка шафран
- ¼ чаша сецкан магдонос
- Сол по вкус

ИНСТРУКЦИИ:
a) Гответе ги тестенините според упатствата на пакувањето, што треба да трае околу 10 минути.
b) Исцедете ја водата и оставете ја на страна.
c) Во големо тавче растопете го путерот.
d) Гответе ги пиперките и лукот во тавче 5 минути.
e) Додадете ги ракчињата и продолжете да динстате уште 5 минути.
f) Отстранете ги ракчињата на послужавник, но лукот и биберот држете ги во тавата.
g) Оставете го да зоврие белото вино, супата и сокот од лимон.
h) Вратете ги ракчињата во тавата со уште 14 чаши подобро.
i) Додадете ги снегулките црвен пипер, шафранот и магдоносот и зачинете по вкус со сол.
j) Варете 5 минути откако ќе ги префрлите со тестенините.

24. Ракчиња а la Plancha над тостовите со шафран Allioli

Сочинува: 4

СОСТОЈКИ:
АЛИОЛИ
● 1 голема прстофат шафран
● 1 голема жолчка од јајце
● 1 чешне лук, ситно сецкан
● 1 лажичка кошер сол
● 1 чаша екстра девствено маслиново масло, по можност шпанско
● 2 лажички сок од лимон, плус повеќе ако е потребно

РАККИ
● Четири ½ инчи дебели парчиња селски леб
● 2 лажици висококвалитетно екстра девствено маслиново масло, по можност шпанско
● Џамбо од 1½ фунти
● Ракчиња со лупење со 20 брои
● Кошер сол
● 2 лимони преполовени
● 3 чешниња лук, ситно сецкани
● 1 лажичка свежо мелен црн пипер
● 1 чаша сува шери
● 2 супени лажици грубо сечкан магдонос со рамни листови

ИНСТРУКЦИИ:

a) Направете ги ајоли: во мало тавче поставено на средна топлина, напечете го шафранот додека не стане кршлив, 15 до 30 секунди.

b) Свртете го на мала чинија и иситнете го со задниот дел од лажицата. Во средна чинија, додадете го шафранот, жолчките, лукот и солта и енергично изматете додека не се соедини добро.

c) Започнете да го додавате маслиновото масло неколку капки одеднаш, темелно изматете ги меѓу додатоците, додека аиолите не почнат да се згуснуваат, а потоа прелијте го преостанатото масло во смесата со многу бавен и стабилен тек, изматете ги ајоли додека не стане густа и кремаста.

d) Додадете го сокот од лимон, вкусете и прилагодете со повеќе сок од лимон и сол по потреба. Префрлете го во помал сад, покријте го со пластична фолија и ставете го во фрижидер.

e) Направете тостови: поставете ја решетката од рерната на најгорната положба, а бројлерот на висока. Ставете ги парчињата леб на обесен плех и премачкајте ги двете страни од лебот со 1 лажица масло.

f) Потпечете го лебот додека не порумени, околу 45 секунди. Превртете го лебот и тостирајте ја од другата страна (внимавајте на бројлерот, бидејќи интензитетот на бројлерот варира), 30 до 45 секунди подолго. Извадете го лебот од рерната и ставете го секое парче на чинија.

g) Во голем сад ставете ги ракчињата. Користете нож за чистење за да направите плитко рез на заоблениот заден дел на ракчињата, отстранувајќи ја вената (ако ја има) и оставајќи ја лушпата недопрена. Загрејте голема тава со тешко дно на средно-висока топлина додека речиси не се запуши, 1½ до 2 минути.

h) Додадете ја преостанатата 1 лажица масло и ракчиња. Посипете малку сол и сок од половина лимон над ракчињата и варете додека ракчињата не почнат да се виткаат и рабовите на лушпата да се заруменат 2 до 3 минути.

i) Користете маша за да ги превртите ракчињата, посипете со повеќе сол и сок од друга половина лимон и варете додека ракчињата не станат светло розеви, околу 1 минута подолго. Направете бунар во центарот на тавата и измешајте ги лукот и црниот пипер; штом лукот е миризлив, по околу 30 секунди, додадете го шерито, оставете да зоврие и измешајте ја смесата лук-шери во ракчињата.

j) Гответе, мешајќи и изгребете ги кафените парчиња од дното на тавата во сосот. Исклучете го огнот и исцедете го сокот од уште една половина лимон. Исечете ја преостанатата половина лимон на коцки.

k) Намачкајте го врвот на секое парче леб со дарежлива лажица шафран ајоли. Поделете ги ракчињата меѓу чиниите и прелијте со малку сос врз секоја порција. Посипете со магдонос и послужете со парчиња лимон.

25. Бомбајски монах

Прави: 1

СОСТОЈКИ:
- 1 фунта калуѓерска риба, излупена
- Млеко за покривање
- ¼ фунта излупени ракчиња
- 2 јајца
- 3 супени лажици доматна паста ½ лажичка кари во прав
- 2 лажички сок од лимон
- ¼ лажичка свеж рузмарин, сецкан
- 1 прстофат шафран или куркума ¾ шолја лесен крем
- Сол и бибер по вкус

ИНСТРУКЦИИ:
a) Загрејте ја рерната на 350 F. Ставете ја монашката риба во тавче доволно големо за да го држите. Прелијте го млекото и ставете ја тавата на умерен оган.
b) Оставете да зоврие, покријте и варете 8 минути. Свртете ја рибата и варете 7 минути подолго, или додека рибата не се свари.
c) Кога рибата калуѓерка е скоро готова, додадете ги ракчињата и варете 2-3 минути или додека не станат розови.
d) Исцедете ги рибите и ракчињата, фрлајќи го млекото.
e) Исечете ја монашката риба на парчиња со големина на залак. Изматете ги јајцата со доматната паста, кари во прав, сок од лимон, рузмарин, шафран и ½ чаша крем.
f) Измешајте ги рибите и ракчињата и зачинете по вкус со сол и бибер.
g) Претворете ги во 4 поединечни јадења со рамекин и прелијте го со еднаква количина од преостанатиот крем над секое јадење.
h) Печете 20 минути или додека не се стегне. Послужете го топло со цеден лимон и кора леб од француски тип.

26. Шафран лосос и јасмин ориз

Прави: 2

СОСТОЈКИ:
- 2 филети од див лосос, без коски
- Сол и црн пипер по вкус
- ½ чаша ориз од јасмин
- 1 шолја супа од пилешко
- 1 лажица путер, стопен
- ¼ лажичка шафран

ИНСТРУКЦИИ:
a) Додадете ги сите состојки освен рибата во тава што одговара на вашата фритеза; фрли добро.
b) Ставете ја болката во пржење со воздух и варете на 360 степени F 15 минути.
c) Додадете ја рибата, покријте и варете на 360 степени F уште 12 минути.
d) Поделете сѐ помеѓу чиниите и послужете веднаш.

27. Туна со шафран и лук

Прави: 4 порции

СОСТОЈКИ:
- ½ лажичка шафрански нишки
- 1 лажица Топла вода
- 1 ½ лажица ѓи или путер
- 1 лажица Лук, мелено
- 1½ фунта Филе од туна, исечени на коцки
- Гранчиња од магдонос или цилантро и клинови лимон за украсување

ИНСТРУКЦИИ:
a) Комбинирајте ги нишките од шафран и водата во сад и киснете 10 минути.
b) Загрејте го путерот во мало тавче на средно-тивок оган. Гответе го лукот додека не порумени.
c) Исцедете го путерот во голем сад, држејќи ги парчињата лук во тавата. Кога путерот ќе се олади, додадете го шафранот, течноста за натопување и сол по вкус.
d) Фрлете ја рибата во оваа смеса додека секое парче не е добро обложено. Ставете ја рибата во тавче обложено со алуминиумска фолија.
e) Печете додека рибата не стане матна, околу 12 до 15 минути на 350. Исцедете го сокот од тавата за печење во тавата со лукот.
f) Вклучете го бројлерот и варете ја рибата додека горниот дел не се зарумени. Ставете ја рибата на топла чинија за сервирање.
g) Намалете го сосот со ставање на тавата што ја содржи течноста и лукот на средно-висока топлина. Гответе неколку минути, често мешајќи.
h) Кога течноста малку ќе се згусне, прелијте ја врз рибата.
i) Посипете со сок од лимон и украсете со цилинтро/магдонос и послужете.

28. Јарец динстан со бадеми и шафран

Прави: 4 порции

СОСТОЈКИ:
- 1 лажица путер
- ½ чаша Цели бланширани бадеми
- Дарежливи нишки од шафран
- Панцета од 2 до 3 унци, на 2 дебели парчиња, исечени на коцки
- 1 фунта Детско козјо месо, исечено од ногата
- 1 кромид, ситно сецкан
- 2 големи чешниња лук, мелено
- 3 Зрели домати, излупени, со семки и исечкани
- Сол и црн пипер
- ½ лажичка сува мајчина душица
- 1 Ловоров лист
- 4 средни компири Руссет, излупени и исечени на осми

ИНСТРУКЦИИ:
a) Загрејте го путерот во нелепливо тавче и пржете ги бадемите во него додека не порумена. Префрлете го во садот на процесорот за храна, додадете шафран и обработете додека не се меле. Стави на страна.

b) Во истата тава, пржете ја панцетата додека не се свари и префрлете ја во тешко тенџере. Кафеното месо, во 2 серии, и додадете го во панцетата.

c) Пропржете го кромидот додека не порумени, додавајќи уште малку путер доколку е потребно.

d) до месото и измешајте ги со лук, домати, мешавина од бадем и шафран, мајчина душица и ловоров лист. Зачинете по вкус со сол и бибер. Додадете вода колку едвај да се покрие.

e) Оставете да зоврие, намалете ја топлината и делумно покријте ја тавата. Варете 1 час, или додека месото е речиси готово.

f) Додадете компири, туркајќи ги под месото и варете уште 15 минути, додека не омекне.

29. Филе говедско месо на камшик од тиква и шафран

Прави: 1 порција

СОСТОЈКИ:
- 200 грама говедско филе за очи
- 200 грама излупена тиква
- 4 нишки шафран; (4 до 5)
- 120 ml говедско сок
- 1 лажичка зрна зелен пипер
- Сол и црн пипер

ИНСТРУКЦИИ:
a) За да направите крцкави од тиква, излупете ленти од тиква. Загрејте масло на 180 степени.С. и пропржете ја тиквата до златно крцкава. Стави на страна.
b) Преостанатата тиква исечкајте ја на парчиња и сварете ја во тенџере.
c) Во топла тава затворете го филето за очи од сите страни. Ставете го месото во рерна околу 20 минути на 200 степени. за среден стек. Ако тавата не е огноотпорна, префрлете го месото во плех за рерна.
d) Кога тиквата ќе омекне, изгмечете ја со шафран. Додадете сол и бибер по вкус.
e) Ставете ја кашата на чинија, па одозгора со говедското месо. Во истата тава додадете ги сокот и зрната бибер и малку намалете.
f) Прелијте со говедско месо и украсете со чипс од тиква.

30. Јагнешко јагнешко печено со шафран

Прави: 6 порции

СОСТОЈКИ:

- 1½ килограм јагнешко бутче
- 1 лажичка шафран прамен
- 450 ml врела вода
- 300 милилитри природен јогурт
- 2 лажички Сол
- ½ лажичка мелен црн пипер
- 6 чешниња лук, мелени
- 6 зелени чили, сецкани
- 25 грама путер

ИНСТРУКЦИИ:

a) Изматете го шафранот и измешајте го со зовриената вода. Стави на страна. Исечете ја целата маснотија од јагнешкото стапче.

b) Измешајте ги јогуртот, солта, биберот, лукот и чилито со четвртина од шафранот. Оваа смеса и путерот намачкајте ги по целата нога на јагнешкото месо, па завиткајте ја во фолија за готвење, за да ги затворите сите сокови.

c) Печете во умерено загреана рерна (200c, 400F, гас 6) 1 час.

d) Одвиткајте ја фолијата и прелијте го месото со уште една четвртина од шафранот.

e) Продолжете со готвење уште 15 минути, повторно завиткан во фолија. Отворете ја фолијата и печете ги последните 20 минути. Кратко пред сервирање, прелијте го месото со преостанатиот шафран.

31. Пилешко, ракчиња и хоризо паела

СОСТОЈКИ:

- ½ лажичка нишки од шафран, здробени
- 2 лажици маслиново масло
- 1 фунта пилешки бутови без кожа, без коски, исечени на парчиња од 2 инчи
- 4 унци варен, чаден хоризо колбас во шпански стил, исечен
- 1 среден кромид, сецкан
- 4 чешниња лук, мелено
- 1 шолја крупно изрендани домати
- 1 лажица чадена слатка пиперка
- 6 чаши пилешка супа со намален натриум
- 2 шолји шпански ориз со кратко зрно, како што се бомба, Каласпара или Валенсија
- 12 големи ракчиња, излупени и излупени
- 8 унци замрзнат грашок, одмрзнат
- Сецкани зелени маслинки (по избор)
- Сецкан италијански магдонос

ИНСТРУКЦИИ:

а) Во мал сад измешајте шафран и 1/4 чаша топла вода; оставете да отстои 10 минути.

b) Во меѓувреме, во тава за паела од 15 инчи загрејте масло на средно-висока топлина. Додадете пилешко во тавата. Гответе, вртејќи повремено, додека пилешкото да порумени, околу 5 минути. Додадете chorizo. Гответе уште 1 минута. Префрлете ги сите во чинија. Додадете кромид и лук во тавата. Гответе и измешајте 2 минути. Додадете домати и пиперка. Гответе и мешајте уште 5 минути или додека доматите не се згуснат и речиси како паста.

c) Вратете ги пилешкото и хоризото во тавата. Додадете пилешка супа, смеса од шафран и 1/2 лажичка сол; доведете до вриење на силен оган. Додадете го оризот во тавата, промешајте еднаш за рамномерно да се распореди. Гответе, без мешање, додека оризот не апсорбира поголем дел од течноста, околу 12 минути. (Ако вашата тава е поголема од горилникот, ротирајте на секои неколку минути за да се осигурате дека оризот се готви рамномерно.) Намалете ја топлината на минимум. Гответе, без мешање, уште 5 до 10 минути додека не се апсорбира целата течност и оризот е ал денте. Врвот со ракчиња и грашок. Свртете ја топлината на високо. Гответе без мешање, уште 1 до 2 минути (рабовите треба да изгледаат суви, а на дното треба да се формира кора). Отстрани. Покријте ја тавата со фолија. Оставете да одмори 10 минути пред послужување. Одозгора се ставаат маслинки по желба и магдонос.

32. Рижото од кафеав ориз

Прави: 4 порции

СОСТОЈКИ:
- 1 лажица екстра девствено маслиново масло
- 2 чешниња лук, мелено
- 1 домат, сецкан
- 3 грста бебешки спанаќ
- 1 чаша печурки, сецкани
- 2 чаши цветчиња брокула
- Сол и бибер, по вкус
- 2 чаши варен кафеав ориз
- Изгмечете шафран

ЗА ПОСЛУЖУВАЊЕ
- Рендан пармезан
- Црвени чили снегулки

ИНСТРУКЦИИ:
a) Загрејте го маслото во тава на средна топлина.

b) Пржете го лукот додека не почне да станува златно.

c) Измешајте домати, спанаќ, печурки и брокула заедно со сол и бибер; варете додека зеленчукот не омекне.

d) Измешајте ги оризот и шафранот, дозволувајќи сокот од зеленчук да се впие во оризот.

e) Послужете топло или ладно, со пармезан и снегулки црвена пиперка.

33. Маслиново пилешко

Сочинува: 4

СОСТОЈКИ:
- 4 пилешки бедра
- 1 лажица сок од лимон
- 2 лажици маслиново масло
- 2 главици кромид, ситно сецкани
- 2 лажици кора од лимон, изрендана
- 1 шолја маслинки, без кори и исечени
- 3 чешниња лук, мелени
- ½ лажичка мелен ѓумбир
- ¼ лажичка нишки од шафран, здробени
- 1 ½ чаши пилешка супа
- ¼ шолја листови свеж магдонос, сецкани
- ¼ чаша свежи листови цилинтро, сецкани
- Солта
- Мелен црн пипер

ИНСТРУКЦИИ:
a)   Прелијте го пилешкото со сок од лимон и посипете со сол и црн пипер.

b)   Во голема холандска рерна, загрејте го маслото на силен оган и пржете ги пилешките бедра околу 4 до 6 минути од секоја страна.

c)   Останатите состојки ставете ги да зовријат, со исклучок на билките.

d)   Намалете го на средно-тивок оган и варете околу 1 час и 15 минути.

e)   Промешајте ги билките и динстајте уште 15 минути.

f)   Послужете веднаш.

34. Шафран пилешки лебници со нане јогурт

Прави: 2

СОСТОЈКИ:
- Нотка шафран
- 1 лажица зовриена вода
- 500 гр пилешки бедра без коски и кожа
- 2 чешниња лук, излупени и издробени
- 1 лажичка лисја од мајчина душица
- Кора од 1 лимон
- 4 лажици грчки јогурт
- 1 црвен кромид, излупен и исечен на 8 парчиња
- 2 лепчиња
- 2 големи грст мешани листови салата
- 140гр чери домати преполовени
- 2 лажици крцкав пржен кромид (достапен од супермаркетите), за сервирање (по избор)
- За наменетиот јогурт
- 150 гр грчки јогурт
- Мала рака листови нане, ситно сецкани
- Сок од лимон, по вкус

ИНСТРУКЦИИ:
a) Потопете 4 раженчиња од бамбус во вода најмалку 30 минути. Загрејте ја рерната на 240°C/220°C вентилатор/гас 9.

b) Со толчник и малтер измелете го шафранот во прав, па покријте го со зовриената вода и оставете да отстои.

c) Исечете го пилешкото на парчиња од 5 сантиметри и ставете го во сад со лукот, мајчина душица, кора од лимон и јогурт. Зачинете со сол и бибер, додадете ја водата со шафран и добро измешајте.

d) Навојте ги парчињата пилешко на раженчињата, наизменично со црвениот кромид. Ставете го на нелеплив плех за печење и ставете го на висока полица во рерната 12 минути.

e) Во меѓувреме, направете го изменетиот јогурт. Соединете го јогуртот со нането, додадете сок од лимон по вкус и зачинете со малку сол и бибер. Оставете го настрана додека не е потребно.

f) Ставете ги лепчињата на плех и ставете ги на дното на рерната да се загреат неколку минути.

g) Загрејте ја скарата. Кога пилешкото ќе се готви 12 минути, ставете го под скара и варете уште 3-4 минути, додека не порумени и не се свари.

h) Ставете ги лепчињата на чинии и намачкајте со малку наменет јогурт по средината. Додадете грст од листовите салата на секоја и поделете ги доматите меѓу нив. Одозгора ставете ги сварените раженчиња и посипете ги со пржениот кромид за послужување.

35. Рижото со тендрил со лимон и грашок

Прави: 6 порции

СОСТОЈКИ:
- 3 чешниња Лук
- 2 унци Тендрили од грашок
- 1 лимон
- 1 Црвена пиперка
- 1 жолт кромид
- 1 шолја бомба ориз
- 3 лажици Деми-Глејс од зеленчук
- 1 прстофат Шафран
- ⅓ чаша рендан пармезан
- 2 лажици Путер
- ¼ чаша грашок пука Microgreens

ИНСТРУКЦИИ:
☑ Загрејте 2 лажици маслиново масло во тенџере на умерен оган додека не се загрее. Додадете го лукот и кромидот.

☑ Додадете бибер исечен на коцки и зачинете со сол и бибер.

☑ Гответе 3 до 5 минути, често мешајќи или додека не омекне и ароматизира.

☑ Во тенџере измешајте ги и сварете ги демиглајсот од зеленчук, шафранот, кората од лимон, сок од 1 лимон и водата.

☑ Кога водата ќе зоврие, додадете го рижото и варете 14 до 16 минути со редовно мешање.

☑ Извадете го рижото од тавата и фрлете го пармезанот, сецканите ластари од грашок и путерот; зачинете со сол и бибер по вкус.

☑ Мешајте додека сè целосно не се соедини.

☑ Истурете ги целите ластари од грашок во сад со сок од 1 парче лимон и 1 лажичка маслиново масло непосредно пред сервирање.

☑ Украсете со преостанатите 2 парчиња лимон и микрозелени.

36. Рижото со печурки од кафеав ориз

Прави: 4 порции

СОСТОЈКИ:
- 1 лажица екстра девствено маслиново масло
- 2 чешниња лук, мелено
- 1 домат, сецкан
- 3 грста бебешки спанаќ
- 1 чаша печурки, сецкани
- 2 чаши цветчиња брокула
- Сол и бибер, по вкус
- 2 чаши варен кафеав ориз
- Изгмечете шафран

ЗА ПОСЛУЖУВАЊЕ
- Рендан пармезан
- Црвени чили снегулки

ИНСТРУКЦИИ:
- ☑ Загрејте го маслото во тава на средна топлина.
- ☑ Пржете го лукот додека не почне да станува златно.
- ☑ Измешајте домати, спанаќ, печурки и брокула заедно со сол и бибер; варете додека зеленчукот не омекне.
- ☑ Измешајте ги оризот и шафранот, дозволувајќи сокот од зеленчук да се впие во оризот.
- ☑ Послужете топло или ладно, со пармезан и снегулки црвена пиперка.

37. Паела од зеленчук

Прави: 4 порции

СОСТОЈКИ:
- 2 лажици маслиново масло
- 2 средни моркови, исечени на парчиња од ¼ инчи
- 1 ребро целер, исечено на парчиња од ¼ инчи
- 1 средно жолт кромид, сецкан
- 1 средна црвена пиперка, исечкана на коцки од половина инчи
- 3 чешниња лук, сецкани
- 8 унци боранија, исечени и исечени на парчиња од 1 инчи
- 1 ½ чаши варен темноцрвен грав
- Лименка од 14,5 унца домати исечкани на коцки, исцедени
- 2½ чаши супа од зеленчук, домашна
- ½ лажичка сушен риган
- ½ лажичка мелена црвена пиперка
- ½ лажичка мелено семе од анасон
- ¼ лажичка шафран или куркума
- ¾ чаша ориз со долго зрно
- 2 чаши буковец, лесно исплакнете и исушете ги
- Лименка од 14 унца срца од артишок исцедена и исечена на четвртини

ИНСТРУКЦИИ:
☑ Во големо тенџере загрејте го маслото на средна топлина. Додадете ги морковите, целерот, кромидот, пиперката и лукот. Покријте и варете 10 минути.

☑ Додадете ги боранија, грав, домати, супа, сол, оригано, мелена црвена пиперка, анасон, шафран и ориз. Покријте и вриејте 30 минути.

☑ Промешајте ги печурките и срцата од артишок. Вкусете, прилагодувајќи ги зачините, додадете повеќе сол доколку е потребно. Покријте и динстајте уште 15 минути. Послужете веднаш.

38. Рижото од карфиол со шафран

Прави: 1 порција

СОСТОЈКИ:
- 4 унци несолен путер
- 1¼ чаша ситно сечкан кромид
- 2¼ чаша ориз Арборио
- 1 лажичка Шафрански нишки
- 9 чаши Лесна, зовриена пилешка супа
- 4 чаши Мали цветчиња карфиол, секоја со ширина на сликичка
- ¾ чаша Свежо рендано пармицано-рецано

ИНСТРУКЦИИ:
☑ Растопете 2 унци путер на средна топлина во голем, тежок тенџере. Додадете го сечканиот кромид и пржете додека кромидот не омекне и порумени, повремено мешајќи - околу 7 минути. Додадете го оризот Арборио. Добро измешајте за да се премачка оризот со путерот. Посипете ги со концете од шафран. Гответе една минута, мешајќи.

☑ Свртете ја топлината на средно-висока. Додадете 2 чаши пилешка супа (или доволно за само да го покриете оризот). Мешајте постојано. Кога поголемиот дел од супата ќе се апсорбира, додадете го карфиолот и добро промешајте. Кога целата зовриена супа ќе се апсорбира, додадете приближно ½ чаша повеќе зовриена супа, мешајте додека не се апсорбира. Повторете ја оваа постапка додека оризот не стане ал денте. Ќе ви требаат од 9 до 12 чаши залиха.

☑ Измешајте го преостанатиот путер во оризот, заедно со свежо рендениот пармицано-рецано. Прилагодете ја текстурата со дополнителна супа. Вкусете за зачини и послужете ги топло од голема чинија на загреани чинии.

39. Црн грав со шафран ориз

Прави: 8 порции

СОСТОЈКИ:

- 2 чаши Црн грав
- 4 чаши Вода
- 1 кромид, преполовен
- 3 ловорови лисја
- 6 чешниња лук, цели
- 2 чаши ориз
- ⅓ лажичка Шафран
- 6 Домати, со семки и сецкани
- 2 чаши Кромид, сецкан
- 6 лажици маслиново масло
- 2 лажици вински оцет
- 1 лажичка мелен ким
- ¼ лажичка кајен пипер
- 4 лажици Свеж босилек или магдонос
- Црн пипер

ИНСТРУКЦИИ:

☑ Исплакнете ги и сортирајте ги гравот. Ставете во големо, тешко тенџере со капак. Покријте со 4 шолји вода. Оставете да зоврие, покријте го и тргнете го од оган. Оставете да отстои 2 часа.

☑ Во гравот додадете го преполовениот кромид, ловоровите листови и лукот. Ставете го на тивок оган и варете, покриено, додека гравот не омекне; околу 1-½ до 2 часа. Проверете ја водата и додајте уште ако е потребно додека готвите.

☑ Извадете ги и фрлете ги кромидот, ловоровите листови и чешнињата лук. Чувајте го гравот топол.

☑ Гарнитурата подгответе ја околу 1 час пред послужување. Ставете ги доматите и кромидот во сад за сервирање. Додадете ги маслиновото масло, оцетот, кимот, кајенот, магдоносот или босилекот и црниот пипер по вкус. Фрли да се соедини.

☑ Доведете 4 чаши вода да се варат во тешко тенџере со цврсто прицврстен капак. Додадете ги нишките од ориз и шафран (не користете премногу шафран). Добро промешајте, покријте, намалете ја топлината и вриејте 20 минути или додека оризот не ја впие целата вода.

☑ За сервирање, ставете го оризот, црниот грав и украсете ги во посебни чинии. Гостите можат да се послужат со ставање порција ориз, прелиен со грав и на крај со гарнир на нивните чинии.

40. Таљатели од шафран со пролетен зеленчук

Прави: 1 порција

СОСТОЈКИ:
- Стамени од шафран
- 280 грама обично брашно
- 1 лажичка Сол
- 1 лажица Екстра девствено маслиново масло
- 1 Јајце
- 4 жолчки од јајца
- 30 грама борови кернели
- 3 гранчиња свеж рузмарин
- 180 грама мали тиквички
- 120 грама млад кромид
- 60 грама краста тоут
- 1 лажица Маслиново масло
- 300 ml Двоен крем
- 120 грама грав грав; гранатирана тежина
- 120 грама совети од аспарагус
- Сол и мелен црн пипер
- Свеж власец; сецкани
- Цвеќиња од лук и рузмарин за украсување

ИНСТРУКЦИИ:
☑ Подгответе таљатели од шафран. Ставете прстофат стомаци од шафран во помал сад и додадете 3 лажици зовриена вода. Оставете да се излади, да се впие боја и вкус.
☑ Процедете низ ситно сито.
☑ Ставете го брашното и солта во процесор за храна и додадете масло, жолчки и жолчки. Вклучете го моторот и постепено додавајте инфузија од шафран низ цевката за напојување. Престанете со обработката штом тестото се држи заедно.
☑ Свртете го тестото на лесно набрашнета работна површина и месете додека не стане сјајна и мазна. Завиткајте во фолија или пластична фолија и ладете најмалку еден час.

☑ Тестото пресечете го на половина и секое парче расукајте го многу тенко. Се сече на ленти долги околу 60 см. Малку се суши, па се сече на таљатели. Ако имате валјак за тестенини, расукајте го тестото до 6, па исечете го на таљатели. Суви ленти на тркалачки пингови или нова рачка за метла.

☑ Подгответе пролетен сос од зеленчук. Потпечете ги боровите јадра додека не порумената под топла скара или во тешка сува тава за пржење. Исецкајте рузмарин. Исечете тиквички. Исечете го младиот кромид, но оставете го целиот. Топ и опашка краста. Доведете голема тава со солена вода да зоврие и додадете една лажица маслиново масло. Во голема тава ставете рузмарин и крем. Оставете да зоврие и малку намалете. Додадете боранија и совети од аспарагус и варете 30 секунди. Додадете млад кромид, прстени од тиквички и краста. Гответе уште 30 секунди.

☑ Промешајте ги боровите кернели. Додадете ги таљателите во тава со зовриена вода, вратете ги да се варат и варете само триесет секунди. Исцедете, исплакнете и додајте ги во зеленчукот и кремот.

☑ Зачинете по вкус и загрејте. Послужете веднаш украсени со сецкан свеж млад млад лук, цветови од власец и гранче рузмарин.

41. Сафрна ориз со берберис, ф'стаци и мешани билки

Сочинува: 6
СОСТОЈКИ:
2½ лажица / 40 гр несолен путер
2 чаши / 360 гр ориз басмати, исплакнат под ладна вода и добро исцеден
2⅓ чаши / 560 ml врела вода
1 лажиче нишки од шафран, натопени во 3 лажици зовриена вода 30 минути
¼ чаша / 40 гр сушени берберис, натопени неколку минути во врела вода со прстофат шеќер
1 мл / 30 г копар, крупно сецкан
⅔ oz / 20 g кервили, крупно сецкани
⅓ oz / 10 g тарагон, крупно сецкан
½ чаша / 60 гр исечени или мелени несолени ф'стаци, лесно потпечени
сол и свежо мелен бел пипер

ИНСТРУКЦИИ:

Растопете го путерот во средно тенџере и измешајте го оризот, внимавајќи зрната добро да се премачкаат со путер. Додадете ја зовриената вода, 1 лажичка сол и малку бел пипер. Добро измешајте, покријте го со цврсто прицврстен капак и оставете да се готви на многу тивок оган 15 минути. Немојте да бидете во искушение да ја откриете тавата; ќе треба да дозволите оризот правилно да се испари.

Отстранете ја тавата со ориз од оган - целата вода ќе се апсорбира од оризот - и истурете ја водата со шафран на едната страна од оризот, покривајќи околу една четвртина од површината и оставајќи го поголемиот дел бело. Веднаш покријте ја тавата со крпа и цврсто затворете ја со капак. Оставете настрана 5 до 10 минути.

Со голема лажица извадете го белиот дел од оризот во голем сад за матење и размачкајте го со вилушка. Исцедете ги берберисите и измешајте ги, а потоа тревките и повеќето ф'стаци, оставајќи неколку за украсување. Добро измешајте. Размачкајте го шафранскиот ориз со вилушка и нежно преклопете го во белиот ориз. Не мешајте премногу - не сакате белите зрна да бидат обоени со жолто. Вкусете и прилагодете го зачинот. Префрлете го оризот во плиток сад за сервирање и одозгора распрскајте ги преостанатите ф'стаци. Послужете топло или на собна температура.

42. Fava Bean Kuku

Сочинува: 6

СОСТОЈКИ:
1 lb / 500 g фава, свежо или замрзнато
5 лажици / 75 ml врела вода
2 лажици суперфин шеќер
5 лажици / 45 гр сушени берберис
3 лажици дебела павлака
¼ лажичка нишки од шафран
2 лажици ладна вода
5 лажици маслиново масло
2 средни кромидчиња, ситно сецкани
4 чешниња лук, мелени
7 големи јајца од слободен дострел
1 лажица брашно за сите намени
½ лажичка прашок за пециво
1 чаша / 30 гр копар, сецкан
½ чаша / 15 g нане, сецкани
сол и свежо мелен црн пипер

ИНСТРУКЦИИ:

Загрејте ја рерната на 350°F / 180°C. Во тавче со многу зовриена вода ставете ја фавата. Варете 1 минута, исцедете го, освежете го под ладна вода и оставете го на страна.

Истурете ги 5 лажици / 75 мл врела вода во средна чинија, додадете го шеќерот и измешајте да се раствори. Откако овој сируп ќе омлати, додадете ги берберисите и оставете ги околу 10 минути, а потоа исцедете ги.

Во мало тенџере ставете го кремот, шафранот и ладната вода да зовријат. Веднаш тргнете го од оган и оставете го настрана 30 минути да кисна.

Загрејте 3 лажици маслиново масло на средна топлина во нелеплива тава од 10 инчи / 25 см, отпорна на рерната, за која имате капак. Додадете го кромидот и варете околу 4 минути, повремено мешајќи, потоа додадете го лукот и варете и мешајте уште 2 минути. Промешајте ја фавата и оставете ја на страна.

Добро изматете ги јајцата во голем сад за матење додека не станат пенести. Додадете го брашното, прашокот за пециво, кремот од шафран, билките, 1½ лажичка сол и ½ лажичка бибер и изматете убаво. На крај измешајте ги берберисот и миксот од фава и кромид.

Избришете ја тавата, додадете го преостанатото маслиново масло и ставете ја во рерна 10 минути добро да се загрее. Истурете ја смесата со јајца во топла тава, покријте ја со капак и печете 15 минути. Отстранете го капакот и печете уште 20 до 25 минути, додека јајцата штотуку не се стегнат. Извадете го од рерната и оставете да отстои 5 минути, пред да го превртите на чинија за сервирање. Послужете топло или на собна температура.

43. Шафран ориз со берберис, ф'стаци и мешани билки

Сочинува: 6

СОСТОЈКИ:
2½ лажица / 40 гр несолен путер
2 чаши / 360 гр ориз басмати, исплакнат под ладна вода и добро исцеден
2⅓ чаши / 560 ml врела вода
1 лажиче нишки од шафран, натопени во 3 лажици зовриена вода 30 минути
¼ чаша / 40 гр сушени берберис, натопени неколку минути во врела вода со прстофат шеќер
1 мл / 30 г копар, крупно сецкан
⅔ oz / 20 g кервили, крупно сецкани
⅓ oz / 10 g тарагон, крупно сецкан
½ чаша / 60 гр исечени или мелени несолени ф'стаци, лесно потпечени
сол и свежо мелен бел пипер

ИНСТРУКЦИИ:

Растопете го путерот во средно тенџере и измешајте го оризот, внимавајќи зрната добро да се премачкаат со путер. Додадете ја зовриената вода, 1 лажичка сол и малку бел пипер. Добро измешајте, покријте го со цврсто прицврстен капак и оставете да се готви на многу тивок оган 15 минути. Немојте да бидете во искушение да ја откриете тавата; ќе треба да дозволите оризот правилно да се испари.

Отстранете ја тавата со ориз од оган - целата вода ќе се апсорбира од оризот - и истурете ја водата со шафран на едната страна од оризот, покривајќи околу една четвртина од површината и оставајќи го поголемиот дел бело. Веднаш покријте ја тавата со крпа и цврсто затворете ја со капак. Оставете настрана 5 до 10 минути.

Со голема лажица извадете го белиот дел од оризот во голем сад за матење и размачкајте го со вилушка. Исцедете ги берберисите и измешајте ги, а потоа тревките и повеќето ф'стаци, оставајќи неколку за украсување. Добро измешајте. Размачкајте го шафранскиот ориз со вилушка и нежно преклопете го во белиот ориз. Не мешајте премногу - не сакате белите зрна да бидат обоени со жолто. Вкусете и прилагодете го зачинот. Префрлете го оризот во плиток сад за сервирање и одозгора распрскајте ги преостанатите ф'стаци. Послужете топло или на собна температура.

44. Печено пилешко со ерусалимски артишок и лимон

Сочинува: 4

СОСТОЈКИ:

1 lb / 450 g артишок од Ерусалим, излупени и исечени по должина на 6 парчиња ⅔ инчи / 1,5 cm дебелина

3 лажици свежо исцеден сок од лимон

8 пилешки бедра со коска или 1 средно цело пилешко, исечено на четвртини

12 банани или други големи шелоти, преполовени по должина

12 големи чешниња лук, исечени

1 среден лимон, преполовен по должина, а потоа многу тенко исечен

1 лажиче нишки од шафран

3½ лажица / 50 ml маслиново масло

¾ чаша / 150 ml ладна вода

1¼ лажица зрна розова пиперка, лесно смачкана

¼ чаша / 10 g свежи листови од мајчина душица

1 чаша / 40 g листови тарагон, сецкани

2 лажички сол

½ лажичка свежо мелен црн пипер

ИНСТРУКЦИИ:

Ставете ги артишоките од Ерусалим во средно тенџере, покријте ги со многу вода и додадете половина сок од лимон. Оставете да зоврие, намалете ја топлината и динстајте 10 до 20 минути, додека не омекне, но не и меко. Исцедете ги и оставете да се изладат.

Ерусалимските артишоци и сите преостанати состојки, со исклучок на преостанатиот сок од лимон и половина од тарагонот, ставете ги во голем сад за матење и со рацете добро измешајте сè. Покријте и оставете да се маринираат во фрижидер преку ноќ, или најмалку 2 часа.

Загрејте ја рерната на 475°F / 240°C. Наредете ги парчињата пилешко, со кората нагоре, во центарот на тавата за печење и премачкајте ги останатите состојки околу пилешкото. Печете 30 минути. Покријте ја тавата со алуминиумска фолија и варете уште 15 минути. Во овој момент, пилешкото треба целосно да се готви. Извадете го од рерна и додадете го резервираниот тарагон и сокот од лимон. Добро измешајте, вкусете и додајте повеќе сол доколку е потребно. Послужете одеднаш.

45. Тубети во стил на рижото со шафран

Сочинува: 4

СОСТОЈКИ:
5 чаши пилешки супа
¼ чаша екстра девствено маслиново масло
1 чаша мелен жолт кромид (околу 1 средна главица кромид)
Кошер сол
2 чаши мали тубети тестенини
½ лажичка нишки од шафран
2 лажици несолен путер
¼ шолја свежо рендано пармицано-рецано сирење, плус
повеќе за украс

ИНСТРУКЦИИ:
1. Загрејте го густинот и испотете го кромидот. Во тенџере
загрејте ја пилешката супа да се динста на средно. Исклучете го
огнот. Додека густинот ќе зоврие, во големо тенџере со високи
страни, загрејте го маслиновото масло на средно додека не се
загрее. Додадете го кромидот и зачинете со 1 лажичка сол.
Гответе, повремено мешајќи, 3 до 4 минути, додека не омекнат
и прозирни, но не и зарумени.

2. Наздравете ги тестенините. Додадете ги тестенините и варете,
повремено мешајќи, 5 до 6 минути, додека не поруменат.
Додадете го шафранот и варете, често мешајќи, 30 до 45
секунди, додека не замириса.

3. Додадете ја залихата. Додадете 1½ шолја од густинот и
варете, често мешајќи, 5 до 6 минути додека не се апсорбира
целата течност. Повторете го со преостанатиот густин,
додавајќи 1 до 1½ чаши одеднаш и мешајќи додека не се
апсорбира поголемиот дел од течноста пред секое додавање,
вкупно 15 до 20 минути. Тестенините треба да бидат ал денте,
а ќе останат малку течност.

4. Завршете ги тубетите. Намалете ја топлината на минимум и
измешајте го путерот. Тргнете го од оган и измешајте ¼ шолја
сирење. Префрлете го во сад за сервирање, прелијте со повеќе
сирење и послужете.

46. Каскадија Фидеуа

Прави: 4 порции

СОСТОЈКИ:

- 3 чаши пилешка супа, или повеќе ако е потребно
- 2 чешниња лук, мелено
- 1 прстофат шафран
- 1 чаша панцета сланина, исечена на коцки
- 2 лажици маслиново масло, поделени
- ½ чаша моркови исечени на коцки
- ½ чаша замрзнати срца од артишок, одмрзнати
- ½ чаша свеж боранија
- 2 чаши бел кромид исечкан на коцки
- 1 прстофат сол и црн пипер по вкус
- 2 чаши домати исечени на коцки
- 1 (16 унца) пакување шпагети, искршени на парчиња од 2 инчи

ИНСТРУКЦИИ:

a) Во тенџере измешајте ја пилешката супа, лукот и шафранот. Загрејте додека не се загрее, но не премногу жешко за да го ставите прстот. Покријте го и оставете го топло на тивок оган за да може шафранот да кисна додека продолжувате со рецептот.

b) Гответе ја и измешајте ја панцетата исечкана на коцки во тава со леано железо на средна топлина додека не се исцеди поголемиот дел од маснотиите и панцетата не се свари до посакуваниот степен на подготвеност, околу 10 минути. Откако ќе го направите, извадете ја панцетата и оставете ја на страна.

c) Фрлете ја маснотијата и истурете 1 лажица маслиново масло. Гответе ги и измешајте ги морковите, срцата од артишок и боранија додека зеленчукот не почне да омекнува, а потоа извадете ги од тавата и оставете ги на страна. Загрејте ја преостанатата 1 лажица маслиново масло во тавата и измешајте го кромидот. Зачинете со сол и бибер и варете додека не омекне кромидот, околу 10 минути. Додадете ги доматите и варете додека смесата домати-кромид практично не стане паста, 15 до 20 минути.

d) Распоредете ја смесата со кромид рамномерно на дното на тавата и рамномерно посипете ги со искршените парчиња шпагети. Истурете ја супата од шафран колку да ги покрие тестенините, а одозгора наредете ја панцетата и варен зеленчук. Додадете дополнителна супа од шафран по потреба за да го покриете зеленчукот. Оставете да зоврие, а потоа намалете ја топлината на средно-ниско и варете додека тестенините не омекнат, околу 15 минути.

47. Подмачкан шафран ориз

Прави: 6 порции

СОСТОЈКИ:
- 2 лажички Шафран; лист шафран
- 2 лажици Млеко; топла Сол
- 2 чаши ориз, басмати
- 4 лажици путер

ИНСТРУКЦИИ:
a) Ставете го шафранот во мала, сува, топла тава на средна топлина околу 1 минута или само додека не добие мирис. Се рони во млеко.

b) Наполнете големо тенџере со околу 13 чаши вода; додадете сол и оставете да зоврие.

c) Во меѓувреме, ставете го оризот во средна чинија и покријте го со ладна вода.

d) Веднаш исцедете го оризот низ сито. Измијте и исцедете уште два пати.

e) Кога водата ќе зоврие, додадете го оризот и еднаш промешајте; доведете до вриење. Гответе 5 минути; оризот треба да биде малку тврд во центарот.

f) Исцедете го во цедалка и ставете го во огноотпорен сад. Прелијте го оризот со млеко од шафран, фрлајќи неколку пати многу нежно. Поделете го путерот на четири парчиња; ставете над оризот.

g) Исечете парчиња алуминиумска фолија 2 инчи поголеми од работ на садот; ставете го на врвот на садот; ставете го капакот на фолија. Печете во претходно загреана рерна на 300 F 40 до 50 минути, проверувајќи по 40 минути дали оризот е сварен.

h) На загреан послужавник послужете шарен ориз во боја на шафран со лажица.

48. Медалјони од лосос со сос од шафран

Прави: 6 порции

СОСТОЈКИ:
600 грама филе од тасманиски лосос, отстранете ја кожата и коските
50 грама Ешалоти ситно сецкани
1 мало чешне лук ситно сечкано
60 грама путер
40 ml вермут
60 ml Суво бело вино
1 литар залиха од топла риба
2 до 3 праз
Дарежлива нотка нишки од шафран
90 ml крем
1 лажичка Сок од лимон
2 лажици Ситно сечкан власец
Лосос икра

ИНСТРУКЦИИ:
Филето лосос преполовете го по должина и оставете го на страна. Исечете го празот, отфрлајќи ги цврстите надворешни листови. Исечете ги на половини по должина и измијте ги многу темелно под ладна проточна вода. Бланширајте во зовриена вода додека не омекне. Исцедете го и освежете го со ладна вода. Исцедете го повторно за да го отстраните вишокот вода. Изберете ленти од праз со приближно иста големина, фрлете ги оние што се премногу големи или искршени на парчиња. Раширете лист фолија доволно голема за да покрие една половина лосос и ставете ги лентите праз вертикално на врвот, малку преклопувајќи ги нивните рабови и усогласувајќи ги со должината на парчето лосос. Ставете го лососот преку креветот со праз и свиткајте во фолија за да добиете форма на колбас, запечатувајќи ги краевите. Повторете го истото со другото парче лосос. Се пече во загреана рерна на 100°C 20 минути.

За да го направите сосот: гответе ги сечканите есхалоти и лукот на половина путер на тивок оган додека есхалотите не станат меки и транспарентни.

Додадете ги вермутот и виното и варете на тивок оган додека целосно не се намали. Додадете го рибниот фонд и шафранот, варете додека не се намали на една третина. Додадете го кремот и варете уште 5 минути, потоа процедете ги, додајте ги сокот од лимон и младото кромидче и изматете го преостанатиот путер.

За сервирање: секое парче лосос исечкајте го на 6 медаљони. Ставете по два медаљони на секоја чинија, намачкајте со сос и посипете со малку икра од лосос.

49. Скалап со шафран

Прави: 4 порции

СОСТОЈКИ:
1 фунта Морски раковини, изматени, исплакнати и исушени
5 лажици путер
1 шелот, сецкан
¼ лажичка Моќен шафран
1 лажичка Коњак
1 лажичка Сув вермут
2 Големи домати, излупете, семето и крупно исечкајте ги
¼ килограми печурки, исечени на тенко
2 чаши Тешка крема
Сол/бибер
Пилаф со ориз
Да се направи пилаф од ориз; Во тенџере издинстајте ½ шолја бел ориз на малку масло или путер, додадете 1 чаша врела вода. Покријте и варете нежно додека не се впие целата течност - околу 20 минути.

Загрејте го путерот во нереактивна тава за соте и додајте го шелот. Веднаш штом ќе стане просирен, додадете ги раковите и шафранот и зачинете со сол/бибер. Покријте и динстајте 2 минути. Додадете ги коњакот и вермутот, па доматите. Покријте и динстајте 8 минути.

Извадете ги раковите и наредете ги во загреан сад за сервирање. Гответе го сосот, непокриен на средно-силен оган додека не се згусне малку. Скалите премачкајте ги со сос, послужете со ориз пилаф.

50. Изматено пилешко со домати и шафран

Прави: 4 порции

СОСТОЈКИ:
1 3 1/2 кг пилешко исечено
2 килограми зрели домати сецкани или-
2 28 oz. лименки слива домати, Отфрлете сок.
6 средни чешниња лук сецкани
½ среден кромид, крупно сецкан
1 лента кора од портокал
2 аншоа исплакнати, исушени и мелени
15 маслинки Niçoise, без јазли и крупно сечкани
2½ лажица маслиново масло
2 Ловоров лист
½ лажичка мајчина душица
⅛ лажичка Шафрански нишки, распарчени
¼ чаша Суво бело вино
1 шолја супа од пилешко
⅛ лажичка кајен пипер
2 лажици Мелен магдонос
Сол и црн пипер

Исушете ги парчињата пилешко, посипете ги со сол и бибер. Излупете ги и исечкајте ги свежите домати или исцедете ги, исцедете ги и исечкајте ги конзервираните домати. Загрејте 1½ лажица маслиново масло во тавче од 12 инчи и пржете го пилешкото додека не порумени.

Префрлете ги во чинија и оставете ги на страна. Загрејте ја преостанатата 1 лажица маслиново масло, додадете кромид, ловоров лист и мајчина душица и пржете додека кромидот не омекне. Додадете лук и пржете додека не замириса. Додадете шафран, бело вино и динстајте додека виното речиси не испари. Додадете густин и варете додека течноста не се намали на ½ чаша околу 8 минути. Додадете домати, кајен, кора од портокал и аншоа. Вратете го пилешкото во тава и варете околу 20 минути или на средна топлина. Промешајте ги маслинките и прилагодете ги зачините. Украсете со сечкан магдонос и послужете.

51. Пушена камбала во супа од шафран

Прави: 4 порции

СОСТОЈКИ:
½ чаша бело вино
1 чаша супа од риба или зеленчук
Или супа од конзервиран зеленчук
3 чешниња лук, сецкани
1 мал кромид, крупно сецкан
1 мал морков, крупно сецкан
1 прстофат Шафран
¼ лажичка мелен ким
1 Ловоров лист
Нотка сол
¼ лажичка Свежо мелен црн пипер
4 филети од Халибут

Во голема тава на силен оган ставете го белото вино, густинот, лукот, кромидот, морковот, шафранот, мелениот ким, ловоровиот лист, солта и биберот да зовријат.

Намалете го огнот и кога смесата ќе зоврие додадете ја камбала. Гответе 3 до 5 минути од секоја страна за филе дебело 1 инч/2½ cm. Извадете ја рибата со решеткана лажица.

Послужете ја камбала со ориз на пареа и посипете со малку од течноста за ловокрадство.

52. Рижото од џигер од патки

Прави: 1 порција

СОСТОЈКИ:

- 30 грама борови кернели
- Црни дробови од 2 патки
- Млеко; за натопување
- Сол и мелен црн пипер
- 1 кромид
- 2 масни чешниња лук
- 5 лажици Екстра девствено маслиново масло
- 225 грама ориз арборио или рижото
- Добро изклинвам шафран stamens
- 1 жолта пиперка
- 1⅛ литар Чора од патки
- 4 Стебла оригано или златен риган
- 24 зелени маслинки; (24 до 30)
- 15 грама Несолен путер
- 2 лажици Мадеира
- 2 лажици Свеж власец; сецкани

ИНСТРУКЦИИ:

a) Потпечете ги зрната од бор под топла скара или во сува тава додека не порумена.

b) Намалете ги црниот дроб, отстранувајќи ги сите зелени делови. потопете во малку млеко 15 минути за да се отстрани секоја трага од горчина. Исплакнете во ладна вода и исушете го. Пресечете на половина и лесно зачинете.

c) Излупете го и ситно исечкајте го кромидот. Излупете го и издробете го лукот. Загрејте маслиново масло во голема тава за пржење или рижото, додадете кромид и лук и варете додека не омекне.

d) Додадете ориз и шафран. Добро промешајте додека оризот не се премачка и не го впие маслото. Лесно зачинете.

e) Исечете ја пиперката на половина, извадете ја јадрото, семките и мембраната. Месото ситно исечкајте го на коцки. Додадете во тавата.

f) Постепено додавајте половина залиха. Оставете да зоврие. Намалете ја топлината на бавно вриење и варете додека оризот не е речиси готов. Продолжете да додавате уште малку супа, често тресејќи ја тавата.

g) Одлепете ги листовите од оригано или мајоран и исечкајте ги. Додадете во тавата со маслинки и сушени домати откако оризот ќе се готви 10 минути. Додадете препечени борови семки по уште 2 или 3 минути.

h) Растопете путер во топла тава. Пржете ги џигерите брзо од сите страни со често вртење. Погрижете се да бидат варени, но сепак да бидат прилично розови во средината. Додадете ја Мадеира во тавата и изгребете ги сите остатоци од месо во неа.

i) Зачинете го рижото по вкус и додадете го сечканиот млад лук.

j) Послужете рижото со џигери натрупани одозгора. Намачкајте со сок од црниот дроб и оставете ги да се измешаат во ориз.

САЛАТИ И СТРАНИ

Прави: 4 порции

СОСТОЈКИ:
- 8 унци мали форми на тестенини
- 4 лажички маслиново масло
- 1 прстофат чист шафран во прав или жици
- 1 унца излупени бадеми
- 2 унци рибизли
- 1 чешне лук, мелено
- Сок од 1 лимета
- 1 лажичка чист мед
- ¼ лажичка мелен ким
- ¼ лажичка мелен коријандер
- 1 Жолта пиперка, исчистена од семето и исечена на парчиња
- 1 лажица Ситно сечкан свеж магдонос
- 1 лажица Ситно сечкано свежо нане
- 1 лажица Ситно сецкан свеж коријандер
- Сол и свежо мелено
- Црн пипер
- Свежи листови коријандер, за украсување

ИНСТРУКЦИИ:
a) Гответе ги тестенините во многу малку солена зовриена вода неколку минути помалку од упатството на пакувањето. Добро исплакнете со ладна вода и исцедете ја темелно. Префрлете се во сад за сервирање.
b) Загрејте го маслото во мало тенџере и додадете го шафранот, излупените бадеми, рибизлите и лукот. Гответе нежно, мешајќи, додека бадемите не добијат богата кафеава боја. Тргнете го од оган и измешајте ги со сокот од лимета, медот, кимот и коријандерот.
c) Нежно преклопете ги тестенините, парчињата бибер и свежите билки во преливот додека не се премачкаат лесно. Зачинете по вкус со сол и бибер.
d) Ставете го во фрижидер 1 час и потоа послужете ја салатата украсена со гранчиња свеж коријандер.

54. Сос од шафран анасон

Сочинува: 4

СОСТОЈКИ:

- 2 клубени анасон
- 1 g шафран
- 100 ml супа од живина
- 20 ml маслиново масло
- 3 g сол

ИНСТРУКЦИИ:

a) Исечете го анасонот по должина на парчиња дебели приближно 6 mm. Онаму каде што листовите висат заедно низ дршката, се добиваат парчињата.

b) Стеблата и надворешните делови може добро да се користат за крем супа од анасон.

c) Исчистете ги парчињата со правосмукалка заедно со останатите состојки во вакуум кеса. Гответе во водена бања на 85 ° C 3 часа.

d) Извадете го од кесичките и намалете ја масата за готвење на околу. ⅓ од износот.

e) Прекрасен и ефикасен прилог, на пример со јадења од месо и риба.

Прави: 2 порции

СОСТОЈКИ:
- 1 прстофат Шафран; лесно смачкана
- 1 фунта компири; коцки
- ¼ лажичка лук сол
- 1 лажица Маслиново масло
- 1 унца Чеда сирење; рендан
- 4 лажици Млеко

ИНСТРУКЦИИ:
a) Истурете го шафранот во 1 лажица зовриена вода.
b) Гответе ги компирите во зовриена солена вода додека не омекнат. Исцедете.
c) Изгмечете ги компирите со шафран, лук сол, масло, сирење и млеко додека убаво не се исчистат.

56. Кускус салата со шафран и рибизли

Прави: 6 порции

СОСТОЈКИ:
- 3 чаши супа од зеленчук; домашна, пилешка супа
- 1 прстофат Шафран
- Сол и црн пипер; по вкус
- 1 ½ чаша Кускус
- 1 среден црвен кромид; жулиен
- 2 чешниња лук; сецкани
- 1 голем домат; семе, коцки
- 1 лажичка свеж корен од ѓумбир; сецкани
- ⅓ чаша Рибизли
- 1 лажица свеж цилинтро; или магдонос, сецкан
- 2 лимес; сок од (до)
- 2 лажици Маслиново масло
- Сол и црн пипер; по вкус

ИНСТРУКЦИИ:
☑ Во средно тенџере на силен оган ставете ги густинот и шафранот да зовријат и зачинете со сол и бибер. Ставете го кускусот во голем нереактивен сад и прелијте го со зовриена супа. Покријте и оставете ги настрана 1-мин. или додека не се впие целата течност. Со вилушка изматете го кускусот и оставете го на страна.

☑ Во средна чинија измешајте ги кромидот, лукот, доматот, ѓумбирот, рибизлите, цилинтрото и сокот од лимета. Полека изматете го маслиновото масло и зачинете со сол и бибер. Смесата прелијте ја со кускусот и убаво измешајте.

☑ Послужете ја салатата Кускус на собна температура.

57. Салата од киноа од шафран и печена репка

Прави: 6 порции

СОСТОЈКИ:
- 6 лажици Екстра девствено маслиново масло
- 2 лажици свеж сок од лимон
- 2 мали чешниња лук; мелено
- ½ лажичка крупна сол
- ½ лажичка мелен ким
- ¼ лажичка снегулки црвена пиперка; до ½
- 4 мали Цвекло со прикачено зеленило; до 5
- 1 чаша Неварена киноа
- 2 чаши супа од зеленчук
- ⅛ лажичка Шафрански нишки
- 5 лажички маслиново масло
- 2 унци тенко исечени шелоти; (½ чаша)
- 3 средни чешне лук; мелено
- 1 ½ лажица свеж сок од лимон
- ¼ лажичка Сол

ИНСТРУКЦИИ:
- ☑ Загрејте ја рерната на 400 F.
- ☑ Во помал сад изматете ги сите состојки.
- ☑ Прилагодете го зачинот по вкус и оставете го на страна.
- ☑ Измијте цвекло и исечете ги зелените, оставајќи околу 1 инч прикачени. Резервирајте зелена репка. Секоја репка завиткајте ја поединечно во фолија и печете додека не омекне кога ќе ја прободите со тенок нож, 45 минути до 1 час. Се трга на страна да се излади.
- ☑ Кога цвеклото е доволно ладно за ракување, излупете го и ситно исечкајте го. Ставете цвекло во мал сад, додадете 2 до 3 лажици од маринадата и нежно измешајте.
- ☑ Ставете ја киноата во ситно сито и исплакнете под ладна вода додека не се смири пената. Префрлете ја киноата во мало тенџере, додадете супа и шафран и оставете да зоврие. Намалете ја топлината на минимум, покријте и варете додека супата не се апсорбира 13 до 15 минути.

☑ Во меѓувреме, во средно тавче загрејте 3 лажички маслиново масло на средно-силен оган. Додадете шелот и варете додека не стане крцкав, често мешајќи околу 3 минути.

☑ Исцедете ги на хартиени крпи и оставете ги на страна.

☑ Сварената смеса од киноа префрлете ја во средна чинија и посипете со уште 3 до 4 лажици маринада. (Преостанатата маринада може да се покрие и да се чува во фрижидер до 3 дена.) Отстранете ги и фрлете ги густите стебла од зелената репка; крупно исечкајте ги листовите. Во голема тава загрејте ги преостанатите 2 лажички масло на средна топлина. Додадете лук и варете, често мешајќи, 1 минута. Додадете зелена репка и варете додека не овенат, 1 до 2 минути. Промешајте со сок од лимон и сол. Зачинете со бибер.

☑ За сервирање, исечканото цвекло поделете го на чиниите за сервирање и наредете ги околу раб. Насипете ¼ чаша смеса од киноа во центарот на цвеклото. Одозгора со зеленчук од цвекло, украсете со пржени школки и послужете.

58. Салата од шафран пилешко и билки

Сочинува: 6

СОСТОЈКИ:
1 портокал
2 ½ лажица / 50 гр мед
½ лажичка нишки од шафран
1 лажица бел вински оцет
1¼ чаши / околу 300 ml вода
2¼ lb / 1 kg пилешки гради без кожа и коски
4 лажици маслиново масло
2 мали светилки од анасон, тенко исечени
1 чаша / 15 g набрани листови цилинтро
⅔ чаша / 15 g набрани листови босилек, искинати
15 набрани листови нане, искинати
2 лажици свежо исцеден сок од лимон
1 црвено чиле, тенко исечено
1 чешне лук, мелено
сол и свежо мелен црн пипер

Загрејте ја рерната на 400°F / 200°C. Исечете го и фрлете ⅜ инч / 1 cm од горниот дел и опашката на портокалот и исечете го на 12 клинови, одржувајќи ја кожата. Отстранете ги сите семиња. Ставете ги клиновите во мало тенџере со мед, шафран, оцет и доволно вода за да ги покриете парчињата портокал. Оставете да зоврие и варете нежно околу еден час. На крајот треба да останете со мек портокал и околу 3 лажици густ сируп; Додадете вода за време на готвењето ако течноста се намали многу. Користете процесор за храна за да ги премачкате портокалот и сирупот во мазна, течна паста; повторно додадете малку вода доколку е потребно.

Измешајте ги пилешките гради со половина маслиново масло и многу сол и бибер и ставете ги на многу жешка тава со гребени. Гответе околу 2 минути од секоја страна за да добиете јасни траги од јаглерод насекаде. Префрлете го во тава за печење и ставете го во рерна 15 до 20 минути, додека не се свари.

Откако пилешкото е доволно ладно за да се справи, но сепак е топло, раскинете го со раце на груби, прилично големи парчиња. Ставете го во голем сад за матење, прелијте со половина паста од портокал и добро измешајте. (Другата половина можете да ја чувате во фрижидер неколку дена. Тоа би било добар додаток на тревка салса да се служи со мрсна риба како скуша или лосос.) Додадете ги останатите состојки во салатата, вклучувајќи го и остатокот од маслиново масло и нежно измешајте. Вкусете, додадете сол и бибер, а по потреба, уште маслиново масло и сок од лимон.

59. Мирисна салата од тестенини од шафран

Прави: 4 порции

СОСТОЈКИ:
- 8 унци (240 g) мали форми на тестенини
- 4 лажички маслиново масло
- 1 прстофат Чист шафран во прав или нишки
- 1 унца (30 g) излупени бадеми
- 2 унци (60 g) рибизли
- 1 чешне лук, мелено
- Сок од 1 лимета
- 1 лажичка чист мед
- ¼ лажичка мелен ким
- ¼ лажичка мелен коријандер
- 1 Жолта пиперка, исчистена од семето и исечена на парчиња
- 1 лажица Ситно сечкан свеж магдонос
- 1 лажица Ситно сечкано свежо нане
- 1 лажица Ситно сецкан свеж коријандер
- Сол и свежо мелен црн пипер
- Свежи листови коријандер, за украсување

1. Гответе ги тестенините во многу малку посолена зовриена вода неколку минути помалку од пакувањето УПАТСТВА. Добро исплакнете со ладна вода и исцедете ја темелно. Префрлете се во сад за сервирање. 2. Во мало тенџере загрејте го маслото и додадете ги шафранот, излупените бадеми, рибизлите и лукот. Гответе нежно, мешајќи, додека бадемите не добијат богата кафеава боја. Тргнете го од оган и измешајте ги со сокот од лимета, медот, кимот и коријандерот. 3. Нежно преклопете ги тестенините, парчињата бибер и свежите билки во преливот додека не се премачкаат лесно. Зачинете по вкус со сол и бибер. 4. Ставете го во фрижидер 1 час и потоа послужете ја салатата украсена со гранчиња свеж коријандер.

60. Салата од шафран ориз

Прави: 4 порции

СОСТОЈКИ:

- 2 лажици бел вински оцет
- 1 лажица Маслиново масло
- 2 капки сос од лута пиперка (опционално) Или повеќе, по вкус
- 1 чешне лук; мелено
- ¼ лажичка мелен бел пипер
- 2½ чаша варен ориз (варен во супа и шафран)
- ½ чаша црвен пипер исечен на коцки
- ½ чаша зелен пипер исечен на коцки
- ¼ чаша Исечен зелен кромид вклучувајќи ги и врвовите
- ¼ чаша Исечени зрели маслинки
- Листови зелена салата

Комбинирајте оцет, масло, сос од бибер (ако сакате), лук и бел пипер во голема чинија; добро измешајте. Додадете ги преостанатите состојки освен зелената салата; фрли лесно. Послужете на листови зелена салата.

ЧОПИ И ЧОРНИ

61. Супа од лук и шафран

Прави: 1 порција

СОСТОЈКИ:
- 5 лажици маслиново масло
- 2 шолји исечени коцки леб од кисело тесто
- 4 големи чешниња лук; четвртини
- ⅓ чаша Суво бело вино
- 4 чаши Конзервирана пилешка супа со малку сол
- 2 Дарежливи прстиња шафрански нишки
- Солта
- Парчиња багета од француски леб со дебелина од 8 ½ инчи
- ½ чаша рендано манчего или монтереј џек сирење
- Мелено свеж власец или зелен кромид
- Шафрански нишки

ИНСТРУКЦИИ:
a) Загрејте 4 лажици масло во тешко големо тавче на средно-силен оган. додадете ги коцките леб и лукот и пржете додека лебот не порумени околу 4 минути.

b) Додадете вино, потоа супа и шафран; доведете до вриење. Намалете ја топлината, покријте и вриејте 25 минути. Пире супа во блендер. Вратете ја супата во тенџере. Зачинете со сол.

c) Загрејте ја рерната на 350 F. Наредете ги парчињата француски леб на лист за колачиња. Премачкајте со преостанатата 1 лажица масло. Печете додека не се потпече малку, околу 8 минути. Посипете сирење преку крутони.

d) Префрлете го листот за колачиња во бројлери; варете крутони додека не се стопи сирењето. Во секој сад ставете по 2 крутони. Доведете ја супата да зоврие. Прелијте крутони.

e) Посипете со власец и неколку нишки од шафран и послужете.

62. Кари сос од шафран од бадеми од ф'стаци

Прави: 2 порции

СОСТОЈКИ:

- ½ чаша сурови небланширани бадеми
- ½ чаша излупено; несолени сурови ф'стаци
- 2 лажици путер или благо растително масло
- 1 голем кромид; излупени и изрендани
- ½ лажичка мелен коријандер
- ¼ лажичка Мејс
- ½ лажичка Свежо мелен бел пипер
- 2 мешунки од зелен кардамон; излупено, мелено
- ½ лажичка кајен пипер
- 1 прстофат морско оревче
- ½ лажичка шафрански нишки, натопени во 2 лажици топла вода
- 2 чаши Тешка крема
- ¾ лажичка сол; или по вкус

ИНСТРУКЦИИ:

a) Комбинирајте ги бадемите и ф'стаците во тава од 10 инчи и печете ги на средна топлина 8 до 10 минути. Се ставаат во блендер или во процесор за храна и се намалуваат во прав. Стави на страна.

b) Загрејте путер во тежок тенџере од 2 литри на средно-висок оган.

c) Додадете го кромидот и варете додека не порумени. Промешајте ги зачините и варете додека не се замириса, околу 1 минута. Измешајте шафран, павлака, сол и ореви во прав. Оставете да зоврие со постојано мешање. Намалете ја топлината и вриете, мешајќи повремено, додека сосот не стане доволно густ за да ја премачка задната страна на лажицата, 12 до 15 минути.

63. Супа од школки и шафран

Прави: 4 порции

СОСТОЈКИ:
- 2 килограми школки
- 1¼ чаша Суво бело вино
- 1 ½ чаша Вода
- 3 лажици путер
- 1 лажица Маслиново масло
- 1 кромид, ситно сецкан
- 1 чешне лук, мелено
- 1 праз, исечен, ситно сечкан
- ½ лажичка Фенугрик, ситно издробена
- 1 ½ лажица брашно за сите намени
- 2 пакувања прамени шафран, натопени
- 1 лажица врела вода
- 1¼ шолја пилешка супа
- 1 лажица сечкан свеж магдонос
- Сол по вкус
- Свежо мелен пипер по вкус
- 2 лажици шлаг
- Свежи гранчиња од магдонос

ИНСТРУКЦИИ:

☑ Исчистете ги школките со неколку промени свежа вода и извадете ја брадата. Исфрлете ги сите школки што се испукани или не се затвораат цврсто кога се тапкаат. Ставете ги школките во тенџере со вино и вода. Покријте и варете на силен оган, често тресејќи ја тавата, 6-7 минути или додека не се отворат лушпите. Отстранете ги школките, фрлајќи ги сите што остануваат затворени.

☑ Процедете ја течноста низ ситно сито и резервирајте.

☑ Загрејте путер и масло во тенџере. Додадете кромид, лук, праз и тилчец и варете нежно 5 минути. Промешајте со брашно и варете 1 минута.

☑ Додадете смеса од шафран, 2-½ чаши од резервираната течност за готвење и пилешки супа. Оставете да зоврие, покријте и варете нежно 15 минути.

☑ Во меѓувреме, чувајте 8 школки во лушпи и отстранете ги преостанатите школки од лушпите. Додадете ги сите школки во супата и измешајте ги сечканиот магдонос, сол, бибер и павлака. Загрејте 2-3 минути. Украсете со гранчиња магдонос по желба и послужете ги топли.

64. Риба чорба со чили ХЕ „Рибја чорба со чили"

Сочинува: 4

СОСТОЈКИ:
- 1 кромид, сецкан
- 2 луковици од анасон, сецкани
- 1 црвено чили, ситно сечкано
- 1 калај слива домати
- 6 лажици маслиново масло
- 1 лажичка семе од анасон, мелено
- 2 чешниња лук, мелени
- 1 фунта филе од бела риба
- 3 унци препечени бадеми, мелени
- 3 унци супа од зеленчук
- ½ лажичка слатка пиперка во прав
- 1 лажица свежи листови од мајчина душица
- 1 лажичка прамени шафран
- 3 свежи ловорови листови
- Киноа и пролетни зеленило
- 1 лимон, исечен на коцки

ИНСТРУКЦИИ:

☑ Кромидот, анасонот, чилито, мелените семки од анасон и лукот издинстајте ги на пареа.

☑ Додадете пиперка, мајчина душица, шафран, ловорови лисја и домати.

☑ Оставете да зоврие со супата од зеленчук.

☑ Во чорбата додадете ја рибата/тофуто, заедно со бадемите.

☑ Послужете со зелена боја, киноа и лимони.

65. Супа од печен модар патлиџан и шафран

Прави: 1 порција

СОСТОЈКИ:
- 1 среден компир Руссет
- Маслиново масло
- 1 голем модар патлиџан, неизлупен, исечен на кругови со дебелина од ¼ инчи
- ¼ чаша маслиново масло
- 1 среден кромид; сецкани
- 4 чешниња лук; сецкани
- ½ лажичка суво оригано; се распарчи
- 5 чаши Пилешка супа или конзервирана супа
- ⅛ лажичка Шафрански нишки

ИНСТРУКЦИИ:
☑ Загрејте ја рерната на 375 F. Прободете го компирот со вилушка. Ставете го компирот на решетката и печете додека не омекне, околу 1 час. Извадете го од рерна и изладете. Обложете ги 2 плехови со фолија и премачкајте ги со маслиново масло.

☑ На подготвени листови наредете кругчиња од модар патлиџан. Печете модар патлиџан 15 минути. Покријте со фолија. Печете додека не омекне и зарумени, околу 30 минути подолго.

☑ Загрејте ¼ чаша маслиново масло во тешко големо тенџере на средно-висока топлина. Додадете кромид, лук и оригано и пржете додека кромидот и лукот не станат проѕирни околу 10 минути. Исечете го компирот на парчиња.

☑ Комбинирајте ја смесата од компири, модар патлиџан и кромид во процесорот. Додека работи машината, постепено додавајте пилешки густин и мешајте додека не се изедначи. Префрлете се во тенџере.

☑ Додадете шафран и доведете до вриење.

☑ Послужете го топло.

66. Супа од морска храна и анасон

Сочинува: 4

СОСТОЈКИ:
2 лажици маслиново масло
4 чешниња лук, тенко исечени
2 сијалици од анасон (вкупно 10½ oz / 300 g), исечени и исечени на тенки парчиња
1 голем восочен компир (7 oz / 200 g вкупно), излупен и исечен на коцки ⅔-инчи / 1,5 cm
3 чаши / 700 мл рибја (или супа од пилешко или зеленчук, ако сакате)
½ средно сочуван лимон (½ oz / вкупно 15 g), купен во продавница иливиди рецепт
1 црвено чиле, исечено (по избор)
6 домати (14 oz / вкупно 400 g), излупени и исечени на четвртинки
1 лажица слатка пиперка
добра нотка шафран
4 лажици ситно сечкан магдонос со рамни листови
4 филети морски бас (околу 10½ oz / вкупно 300 g), кожа на кожата, исечени на половина
14 школки (околу 8 oz / 220 g вкупно)
15 школки (околу 4½ oz / вкупно 140 g)
10 тигарски ракчиња (околу 8 oz / 220 g вкупно), во нивните лушпи или излупени и излупени
3 лажици арак, узо или перно
2 лажички сечкан тарагон (по избор)
сол и свежо мелен црн пипер

Ставете ги маслиновото масло и лукот во широка тава со низок круг и варете ги на средна топлина 2 минути без да го обоите лукот. Промешајте ги анасонот и компирот и варете уште 3 до 4 минути. Додадете го густинот и конзервираниот лимон, зачинете со ¼ лажичка сол и малку црн пипер, оставете да зоврие, па покријте и варете на тивок оган 12 до 14 минути, додека компирите не се сварат. Додадете го чилето (ако го користите), доматите, зачините и половина магдонос и варете уште 4 до 5 минути.

Додадете уште 1¼ шолји / 300 мл вода во овој момент, едноставно онолку колку што е потребно за да можете само да ја покриете рибата за да ја пржите и повторно доведете ја на вриење. Додадете го бавчето и школките, покријте ја тавата и оставете доста силно да се вари 3 до 4 минути, додека не се отворат школките и ракчињата не добијат розова боја.

Со помош на решеткана лажица извадете ги рибите и школките од супата. Ако е уште малку водена, оставете ја супата да зоврие уште неколку минути за да се намали. Додадете го аракот и вкусете за зачинување.

На крајот, вратете ги школките и рибата во супата за повторно да се загреат. Послужете веднаш, украсени со остатокот од магдоносот и тарагонот, доколку користите.

67. Супа од шафран од ф'стаци

Сочинува: 4

2 лажици зовриена вода

¼ лажичка нишки од шафран

1⅓ чаши / 200 g излупени несолени ф'стаци

2 лажици / 30 гр несолен путер

4 кромид, ситно сецкани (3½ oz / 100 g вкупно)

1 мл / 25 гр ѓумбир, излупен и ситно сецкан

1 праз, ситно сечкан (1¼ шолја / вкупно 150 g)

2 лажички мелен ким

3 чаши / 700 мл пилешка супа

⅓ чаша / 80 ml свежо исцеден сок од портокал

1 лажица свежо исцеден сок од лимон

сол и свежо мелен црн пипер

павлака, за сервирање

Загрејте ја рерната на 350°F / 180°C. Во мала шолја прелијте ги нишките од шафран со врела вода и оставете да кисна 30 минути.

За да ги отстраните лушпите од ф'стаците, бланширајте ги јаткастите плодови во врела вода 1 минута, исцедете ги и додека се уште се топли, извадете ги лушпите со притискање на оревите меѓу прстите. Намачкајте ги ф'стаците на плех и печете ги во рерна 8 минути. Извадете и оставете да се излади.

Загрејте го путерот во поголемо тенџере и додадете ги шелотите, ѓумбирот, празот, кимот, ½ лажичка сол и малку црн пипер. Пржете на средна топлина 10 минути, често мешајќи додека не омекне шелот. Додадете го густинот и половина од течноста од шафран. Покријте ја тавата, намалете ја топлината и оставете ја супата да врие 20 минути.

Ставете ги сите освен 1 лажица ф'стаци во голем сад заедно со половина од супата. Користете рачен блендер за да изматете додека не се изедначи, а потоа вратете го во тенџерето. Додадете ги сокот од портокал и лимон, загрејте и вкусете за да го прилагодите зачинот.

За сервирање, крупно исечкајте ги резервираните ф'стаци. Топлата супа префрлете ја во чинии и одозгора со лажица кисела павлака. Посипете ги со ф'стаците и посипете со преостанатата течност од шафран.

68. Биска од шафран од тиква

Прави: 4 порции

СОСТОЈКИ:
- 1 цел кромид, сецкан
- 1 чешне лук, мелено
- 1 ½ лажица путер
- 1 чаша пире од тиква
- 1 ¼ чаша вода
- ½ лажичка цимет
- ½ лажичка чили во прав
- Неколку прамени шафран
- 1 чаша полномасно млеко незасладен јогурт

ИНСТРУКЦИИ:
a) Во тенџере, пржете ги кромидот и лукот на путер додека не поруменат

b) Додадете го пирето од тиква, водата и зачините и сварете.

c) Веднаш намалете ја топлината и динстајте пет минути, постепено додавајќи го јогуртот.

d) Послужете топло.

СОСИ И ЦЕМОВИ

69. Кремаст сос од шафран

Прави: 1 порција

СОСТОЈКИ:

- ½ лажичка шафрански нишки
- 1 чаша млеко со малку маснотии
- 2 лажици масло од кикирики
- 1 чаша Крупно сечкан кромид
- 5 мешунки од зелен кардамон, изматени
- ½ чаша обичен јогурт без маснотии
- 4 ½ лажичка пченкарен скроб
- ¾ лажичка Сол, или по вкус
- Свежо мелен пипер

ИНСТРУКЦИИ:

a) Во еден сад измешајте го шафранот во млекото и оставете го на страна. Загрејте масло во мало тенџере на силен оган.

b) Додадете кромид и мешунки од кардамон и мешајте додека кромидот не стане златен, 4 до 5 минути. Префрлете се во процесор за храна опремен со метално сечило.

c) Додадете шафран, млеко, јогурт и пченкарен скроб и обработете додека не се изедначи.

d) Вратете се во тенџере. Посолете и варете на умерено висока температура, постојано мешајќи додека сосот не стане мазен, 4 до 5 минути.

e) Зачинете по вкус со бибер. Послужете го топло.

70. Сос од свеж домат со шафран

Прави: 2 порции

СОСТОЈКИ:
- 2 лажички Маслиново масло
- 1 лажичка ситно сечкан лук
- ½ лажичка шафрански нишки; Здробени
- ¼ шолја безмасна зеленчукова пилешка супа; Ниско бусен
- ¼ чаша сува шери
- 1 голем домат
- 2 лажици сечкан свеж магдонос
- Сол и црн пипер; По вкус

ИНСТРУКЦИИ:
a) Загрејте масло во мало тенџере на средна топлина. Додадете лук и мешајте додека не добие светло боја, околу 30 секунди.

b) Додадете шафран и мешајте уште 5 секунди.

c) Промешајте во пилешката супа и шери и динстајте додека не се намали на 2 лажици, околу 5 мин. Префрлете го сосот во помал сад и оставете го на страна да се излади.

d) Непосредно пред сервирање, измешајте ги доматите и магдоносот. Зачинете со сол и бибер.

e) Лажица врз топла варен аспарагус или тестенини.

71. Кари сос од шафран од бадеми од ф'стаци

Прави: 2 порции

СОСТОЈКИ:
- ½ чаша сурови небланширани бадеми
- ½ чаша излупено; несолени сурови ф'стаци
- 2 лажици путер или благо растително масло
- 1 голем кромид; излупени и изрендани
- ½ лажичка мелен коријандер
- ¼ лажичка Мејс
- ½ лажичка Свежо мелен бел пипер
- 2 мешунки од зелен кардамон; излупено, мелено
- ½ лажичка кајен пипер
- 1 прстофат морско оревче
- ½ лажичка шафрански нишки, натопени во 2 лажици топла вода
- 2 чаши Тешка крема
- ¾ лажичка сол; или по вкус

ИНСТРУКЦИИ:
a) Комбинирајте ги бадемите и ф'стаците во тава од 10 инчи и печете ги на средна топлина 8 до 10 минути. Се ставаат во блендер или во процесор за храна и се намалуваат во прав. Стави на страна.

b) Загрејте путер во тежок тенџере од 2 литри на средно-висок оган.

c) Додадете го кромидот и варете додека не порумени. Промешајте ги зачините и варете додека не се замириса, околу 1 минута. Измешајте шафран, павлака, сол и ореви во прав. Оставете да зоврие со постојано мешање.

d) Намалете ја топлината и вриете, мешајќи повремено, додека сосот не стане доволно густ за да ја премачка задната страна на лажицата, 12 до 15 минути.

72. Џем од шафран од јаболко печен во рерна

Прави: 1 порција

СОСТОЈКИ:
- 2 Ѕвезден анасон
- 4 каранфилче
- 2 стапчиња цимет
- 4 листови нане
- Кора од 1 лимон
- 2 фунти Шеќер
- 6 килограми јаболка, излупени и исечкани на големи парчиња
- Сок од 1-½ лимес
- 1 чаша Вода
- 2 стуготини од парче шафран

ИНСТРУКЦИИ:
a) Загрејте ја рерната на 400 степени.
b) Нежно изгмечете ѕвезден анасон, каранфилче и стапчиња цимет со малтер и толчник.
c) Измешајте вода и сок од лимета во мал сад.
d) Во тава за печење измешајте шеќер, јаболка, пасирани зачини, листови од нане, кора од лимон, ½ чаша сок од лимета и вода и шафран. Покријте со алуминиумска фолија и ставете ја во рерна.
e) По 10 минути додадете ½ чаша сок од лимета и вода. СОСТОЈКИ за печење: уште 10 минути, а потоа додадете ја преостанатата ½ чаша сок од лимета и вода.
f) Печете уште 10 минути.
g) Веднаш изблендирајте СОСТОЈКИ: во процесор за храна или блендер додека состојките не ја достигнат конзистентноста на џемот.
h) Чувајте го џемот во тегли.

73. Сос од шафран и тарагон

Прави: 1 порција

СОСТОЈКИ:
- 150 ml рибна супа
- 1 прстофат шафран стомаци
- 1 Шалот; ситно сецкани
- 1 парче ѕвезда анасон
- 150 ml Двоен крем
- 1 лажица француски тарагон; сецкани
- Зачини по вкус

ИНСТРУКЦИИ:
a) Гответе го шелот во рибниот фонд со шафран и звезден анасон додека не омекне, а алкохолот не се намали на половина.

b) Додадете го кремот, доведете до вриење и динстајте за да се впие вкусот и кремот да се карамелизира. Сезона. Треба да биде светло жолта. Поминете низ ситно сито во чиста тава и додадете го тарагонот. Проверете и прилагодете ги зачините.

c) Послужете со монах и спанаќ.

ДЕСЕРТ

74. Чоколадна торта со крем од шафран тартуфи

Прави: 20 порции

СОСТОЈКИ:

- 3 јајца
- ⅞ чаша Шеќер
- ½ зрна ванила
- ½ портокал, рендана кора од
- 7 унци путер
- 8 унци темно чоколадо
- 1¼ чаша обично брашно
- 3½ унца ореви
- ⅞ шолја шлаг
- ½ грам шафран
- 14 унци бело чоколадо
- 1½ унца ореви
- 3½ унца темно чоколадо
- Кора од портокал

ИНСТРУКЦИИ:

☑ Загрејте ја рерната на 200C (400F).

☑ Изматете ги шеќерот и јајцата додека не побелат и поматат. Додадете ја ванилата и кората од портокал.

☑ Растопете ги, посебно, чоколадото и путерот. Оставете да се излади.

☑ Јајцето и шеќерот внимателно измешајте ги со брашното, путерот, чоколадото и целосните ореви.

☑ Обложете го дното на тавата со пружина од 24 см (9 инчи) со пергаментна хартија. Истурете го тестото. Печете 12-15 мин во долниот дел од рерната.

☑ Издробете го шафранот и оставете го да се вари во кремот. Белата чоколада исецкајте ја и оставете ја да се растопи во врелиот крем.

☑ Чоколадната торта прелијте ја со кремот од шафран тартуфи. Зачувајте 2 лажички за украсување. Оставете ја тортата во фрижидер.

☑ Направете тенки снегулки од половина од преостанатото темно чоколадо. Остатокот стопете го, а во него потопете ги оревите. Само половина од секој орев треба да се премачка.

☑ Кога ќе се стегне колачот, извадете го од тавата. Намачкајте го зачуваниот крем од тартуфи на работ (можеби ќе треба малку да го загреете) и закачете ги чоколадните снегулки на работ.

☑ Украсете со ореви, кора од портокал, а можеби и марципан.

75. Златна торта од шафран

Прави: 10 порции

СОСТОЈКИ:
- 1 лажица путер, омекнат
- ⅔ чаша Млеко без маснотии
- 1 лажичка Шафрански нишки
- 1⅓ чаша брашно за колачи
- 1¾ чаша Шеќер
- 1 лажичка прашок за пециво
- ½ лажичка сода бикарбона
- ¼ чаша Одмрзнати замрзнати безмасни замена за јајца
- 2 лажици Розова вода
- 1 ½ лажичка ванила
- ¾ чаша Вода
- 1 лажица сечкани ф'стаци

ИНСТРУКЦИИ:
☑ Намачкајте ја тавата за торта од 9 инчи со путер. Соедините 2 лажици безмасно млеко и нишки од шафран во мало тенџере. Загрејте и измешајте само да се динста.

☑ Тргнете од оган. Просејте заедно брашно за колачи, 1 чаша шеќер, прашок за пециво и сода бикарбона. Измешајте ја смесата од шафран, преостанатото млеко без маснотии, замена за јајца, розова вода и 1 лажичка ванила.

☑ Брзо измешајте во суви СОСТОЈКИ: само додека не се измешаат. Истурете во подготвената тава. Се пече на 375'F. околу 15 минути или додека бербата за дрво вметната во центарот не излезе чиста. Оставете да се излади 5 минути. Во мало тенџере измешајте ги преостанатите ¾ шолја шеќер и вода. Загрејте до крчкање. Варете 5 минути. Измешајте ја преостанатата ½ лажичка ванила.

☑ Со ражен рамномерно отворете дупки по целата површина на колачот. Лажица сируп рамномерно над врвот на тортата.

☑ Посипете со ф'стаци. Се сече на парчиња во облик на дијамант, баклава.

76. Меден тарт од јаболка и шафран

Прави: 8 порции

СОСТОЈКИ:

- калај од 9 инчи
- 8 унци брашно што се подига самостојно
- 4 унци путер
- 1 Киткаме мешан зачин
- Млеко за мешање
- 3 слатки десертни јаболка; излупени, со јадра и
- ; исечени
- 10 течни унца Двоен крем
- 5 течни унци млеко
- 1 Китка шафран
- 3 јајца; плус 1 жолчка
- 2 лажици мед

ИНСТРУКЦИИ:

☑ Прво направете го пецивото така што ќе го втриете ладниот путер во брашното за да наликува на презла. Се меша до цврсто, но не премногу влажно тесто. Можете или да го расукате во круг за потоа да го обложите плехот или да го турнете околу плехот нежно и нагоре околу рабовите до линијата. Се пече на слепо 10 минути, а потоа се лади.

☑ Загрејте ги млекото, павлаката и шафранот додека шафранот не почне да крвари. Изматете ги јајцата и жолчката со медот и прелијте ги со кремот, млекото и шафранот.

☑ Постојано матете со жица за матење.

☑ Ставете ги јаболката по целата основа на тартот, прелијте ја течноста и варете 25-30 минути на гас 4-5 или 180C-190C.

77. Праски во шафран

Прави: 6 порции

СОСТОЈКИ:
- 6 големи незрели праски
- ¾ чаша Шеќер
- ¼ лажичка шпански шафран конци
- 1 Сушен црвен чиле пипер
- 10 бобинки од пиперка
- 2 Ловорови лисја
- 1 парче свеж ѓумбир, излупен и исечен по должина на 3 парчиња
- 6 чаши Вода
- Гранчиња од нане; за послужување
- Кадрава; долги ленти кора од лимон, за сервирање

ИНСТРУКЦИИ:
☑ Со остар лулка за зеленчук, излупете ги праските и оставете ги на страна.

☑ Во голем нереактивен тенџере, измешајте ги шеќерот, шафранот, чилето, бобинки од пиперка, ловоровите лисја, ѓумбирот и водата. На средно-тивок оган, мешајте додека не се раствори шеќерот.

☑ Зголемете го огнот и доведете ја смесата да зоврие, а потоа намалете ја температурата и динстајте 10 минути.

☑ Додадете ги праските и продолжете со динстање околу 30 минути, или додека праските не станат меки, но не и кашести.

☑ Повремено вртете ги за сите страни да ја земат бојата на шафранот рамномерно. Тие се прават кога чепкалка за заби вметната во овошјето лесно ќе помине на половина пат.

☑ Префрлете ги праските со решеткана лажица во поединечни чинии или во чинија за сервирање, оставете ги да се изладат и ставете ги во фрижидер. Украсете со нане и кора од лимон.

78. Сладолед од шафран

Прави: 3 порции

СОСТОЈКИ:
- 1 ½ чаша Пола и пол
- 1 Јајце
- ½ грама шафран; ситно сецкани
- Ракија
- ⅓ чаша Шеќер

ИНСТРУКЦИИ:
☑ Потопете го шафранот во многу мала количина ракија (доволно да го покрие) еден час.

☑ Варете го јајцето точно 45 секунди. Соединете ги сите состојки и ставете го во фрижидер ½ час.

☑ Потоа следете ја вообичаената процедура за вашиот производител на сладолед.

79. Панакота од шафран ф'стаци

Прави: 2 порции

СОСТОЈКИ:
2 супени лажици Мек панеер или домашна урда
лажичка Шеќер - 2
2 лажици млеко -
1 лажица крем -
1 прстофат шафран -
Агар агар во прав - голема нотка
2 лажички ф'стаци -
1 прстофат кардамон во прав -

ИНСТРУКЦИИ:
Изгмечете го мекиот панел и шеќерот во прав додека не се изедначи.

Сварете 2 лажици млеко и 1 лажица крем и прстофат шафран заедно.

Додадете голема прстофат агар-агар во прав.

Изматете додека не се изедначи.

Додадете микс од панеер, кардамон во прав и сечкан ф'стас. Добро измешајте.

Во подмачкан калап додадете 1/4 лажичка сечкан ф'стак. Истурете мешавина од панакота.

Се лади 2 часа во фрижидер.

Извадете го и послужете. Додадете сируп по ваш избор и овошје одозгора.

Можете да го прилагодите шеќерот по вкус.

80. Панакота од кокосова вода со шафран

Прави: 6 порции

СОСТОЈКИ:
2-3 лажици нишки од агар-агар
1 литар свежа кокосова вода
2 лажици Шеќер
8-10 нишки од шафран

ИНСТРУКЦИИ:
Најпрво, натопете ги нишките од агар-агар во чаша вода. Чувајте го настрана 30 минути. На силен оган прво ставете го да зоврие. Потоа намалете го огнот и оставете го целосно да се раствори. Ќе потрае околу 8-10 минути.

Загрејте ја кокосовата вода и шеќерот додека не се загреат. Додадете ја оваа мешавина од агар-агар во неа. По желба процедете го. Но, тоа воопшто не е потребно. Можете да го додадете директно. Но, внимавајте да се раствори целосно како што можете да видите на сликата. Исто така, измешајте ги нишките од Шафран. Добро измешајте и оставете да се излади пред да го ставите во фрижидер.

Покријте го и ставете го во фрижидер додека не се стегне. Исечете и уживајте со малку сув кокос исечкан одозгора. Или како што е. Вкусот е толку многу неверојатен. Вкусно!

81. Манго Ласи Пана Кота

СОСТОЈКИ:
- 2 големи манго
- 1/4 чаша млеко
- 2/3 чаша јогурт
- 1 чаша густ крем
- 2 лажици шеќер
- 1 лажичка агар агар во прав
- 1 лажичка кардамон во прав
- 3-4 прамени шафран

ИНСТРУКЦИИ:

a) Потопете го агар-агарот во прав во доволно вода за да се впие добро. Неопходно е.

b) Направете пирето од манго со лупење, исечете ги парчињата и додадете го во блендер за да направите пире.

c) Во тавче додајте Млеко и Хеви павлака и оставете да зоврие на среден оган.

d) Додадете кардамон во прав и жици шафран. Додадете го пирето од манго и јогуртот и добро изматете додека е во пламен. Стави на страна

e) Се лади 2-3 минути и се цеди смесата од манго

f) Подмачкајте ги калапите. Истурете во калапи и ставете го во фрижидер преку ноќ

g) Украсете со мали парчиња манго и листови од нане и уживајте

82. Панакота од шафран ф'стаци

Прави: 2 порции

СОСТОЈКИ:
- 2 супени лажици Мек панеер или домашна урда
- 2 лажички Шеќер
- 2 лажици Млеко
- 1 лажица Крем
- 1 прстофат Шафран
- Агар агар во прав - голема нотка
- 2 лажички ф'стаци
- 1 прстофат кардамон во прав

ИНСТРУКЦИИ:
Изгмечете го мекиот панел и шеќерот во прав додека не се изедначи.

Сварете 2 лажици млеко и 1 лажица крем и прстофат шафран заедно.

Додадете голема прстофат агар-агар во прав.

Изматете додека не се изедначи.

Додадете микс од панеер, кардамон во прав и сечкан ф'стас. Добро измешајте.

Во подмачкан калап додадете 1/4 лажичка сечкан ф'стак. Истурете мешавина од панакота.

Се лади 2 часа во фрижидер.

Извадете го и послужете. Додадете сируп по ваш избор и овошје одозгора.

Можете да го прилагодите шеќерот по вкус.

83. Сладолед валани со шафран

Прави: 6-8 порции

СОСТОЈКИ:
БАЗНА СОСТОЈКА
- 1 шолја Крем
- ½ чаша Кондензирано млеко

ТОПИНГ
- ½ грам шафран, ситно сецкан
- ракија

ИНСТРУКЦИИ:
a) Земете чист и голем плех и додадете го кремот и кондензираното млеко.

b) Додадете ги сите преливи и измешајте ги со шпатула.

c) Распоредете рамномерно и замрзнете преку ноќ.

d) Следниот ден со истата шпатула виткајте го сладоледот од едниот до другиот крај на плехот.

84. Чоколадна торта со крем од шафран тартуфи

Прави: 20 порции

СОСТОЈКИ:
- 3 јајца
- ⅞ чаша Шеќер
- ½ зрна ванила
- ½ портокал, рендана кора од
- 7 унци путер
- 8 унци темно чоколадо
- 1¼ чаша обично брашно
- 3½ унца ореви
- ⅞ шолја шлаг
- ½ грам шафран
- 14 унци бело чоколадо
- 1½ унца ореви
- 3½ унца темно чоколадо
- Кора од портокал

1. Загрејте ја рерната на 200C (400F).

2. Изматете ги шеќерот и јајцата додека не побелат и поматат. Додадете ја ванилата и кората од портокал.

3. Растопете ги, посебно, чоколадото и путерот. Оставете да се излади.

4. Јајцето и шеќерот внимателно измешајте ги со брашното, путерот, чоколадото и целосните ореви.

5. Обложете го дното на тавата со пружина од 24 см (9 инчи) со пергаментна хартија.

Истурете го тестото. Печете 12-15 мин во долниот дел од рерната. Тортата треба само да се стегне. Оставете да се излади. 6. Шафранот се дроби и се остава да се вари во кремот.

Белата чоколада исецкајте ја и оставете ја да се растопи во врелиот крем.

7. Чоколадната торта прелијте ја со кремот од шафран тартуфи. Зачувајте 2 лажички за украсување. Оставете ја тортата во фрижидер.

8. Од половина од преостанатото темно чоколадо направете тенки снегулки. Остатокот стопете го, а во него потопете ги оревите. Од секој орев треба да се премачка само една половина.

9. Кога ќе се стегне колачот, извадете го од тавата. Намачкајте го зачуваниот крем од тартуфи на работ (можеби ќе треба малку да го загреете) и закачете ги чоколадните снегулки на работ. Украсете со ореви, кора од портокал и можеби марципан.

85. Оризов пудинг од шафран

Прави: 4 порции

СОСТОЈКИ:
1¼ чаша ориз Басмати
2 ½ чаша Вода
⅓ чаша млеко
штипнете ги нишките од шафран
2 лажици Путер
2 мешунки од зелен кардамон, модринки
1 инч стапче цимет
2 каранфилче
½ чаша суво грозје
¼ чаша Шеќер
⅓ чаша Исечени бадеми, препечени

Измијте го оризот под ладна проточна вода и ставете го во големо тенџере со 2½ чаши вода. Оставете да зоврие, намалете ја топлината и вриете пет минути, а потоа исцедете.

Измерете 2 лажици млеко во помал сад, додадете шафран и киснете пет минути.

Загрејте го путерот во тешко тенџере, додадете ориз, мешунки од кардамон, цимет и каранфилче и варете две до три минути или додека оризот не стане непроѕирен.

Промешајте го преостанатото млеко, смесата од шафранско млеко, сувото грозје и шеќерот и оставете да зоврие. Покријте и варете околу шест до осум минути или додека оризот не омекне и не се апсорбира течноста.

Отстранете ги цели зачини и послужете ги топли со растурени бадеми одозгора.

Прави: 5 порции

СОСТОЈКИ:
- 3-6 јајца
- 1 литар млеко
- 8 лажици шеќер
- 3-5 прамени шафран

ИНСТРУКЦИИ:
a) Соберете ги состојките. Скршете ги јајцата и ставете ги сите состојки во блендер

b) Блендирајте помалку од една минута и истурете во сад за печење. Се пече на 170' 20 мин

c) Оставете го во фрижидер еден час или 2 пред сервирање. Само вкусно. Украсете со блендирани бадеми или исто како што е.

87. Колачи со рижото од шафран

Прави: 4 порции

СОСТОЈКИ:
- 500 ml супа од зеленчук
- Сол и црн пипер
- 75 грама путер
- 2 лажици Маслиново масло
- 2 чешниња лук; здробени
- 150 грама рижото ориз
- Добро штипнете шафрански нишки натопени во а
- ; малку залиха
- 100 грама пармезан; рендан
- Салата и балсамико оцет

a) Во тава растопете ги путерот и маслото и варете го лукот додека не омекне, но не обоен. Додадете го оризот од оган додека добро не се премачка со мешавината од лук.

b) Вратете се на оган и додајте густина за само да го покриете оризот. Додадете го шафранот со неговата течност.

c) Гответе додека оризот не ја впие течноста и додадете уште додека не се свари ал денте. Додадете половина пармезан и добро измешајте.

d) Кога ќе се свари, изладете малку, но не дозволувајте да се излади. Додека се топли, обликувајте мали колачи, а потоа изладете ги во фрижидер. Кога ќе се изладат, пржете ги колачите на загреано маслиново масло додека не поруменат од двете страни.

e) Послужете со балсамико и посипете со преостанатиот пармезан.

88. Персиски пудинг од шафран

Прави: 6 порции

СОСТОЈКИ:
ПУДИНГ
- 3 шолји незасладено кокосово млеко
- 1 1/4 чаши вода поделена
- 1/2 чаша шеќер
- 3/4 чаша кафеав ориз брашно
- 1 цело стапче цимет
- 1 цела ѕвезда анасон
- 12 цели зелени мешунки од кардамон
- 1/2 лажичка шафран
- 1/2 лажичка куркума
- 3/4 лажичка сол

СИРУП ОД ЦВЕТ ОД ПОРТОКАЛ
- 1/2 чаша шеќер
- 3 лажици вода
- 2 лажици вода од цветови од портокал
- Излупени ф'стаци, гарнир
- Црно или златно суво грозје, украсете
- Шафрански конци, по желба гарнир

ИНСТРУКЦИИ
a) За да го направите пудингот: Во мало јадење измешајте ги стапчињата цимет, звездениот анасон, мешунките од кардамон, шафранот и куркумата и покријте со 1/4 чаша топла вода за да расцветаат зачините.

b) Зачините цветаат во вода.

c) Во средно тенџере измешајте кокосово млеко, вода, шеќер и сол. Оставете да зоврие, а потоа намалете на вриење и полека изматете го оризовото брашно додека не се изедначи.

d) Додадете го садот со зачините и мешајте додека не се соедини темелно. Гответе 15-20 минути, често мешајќи.

e) Додадени зачини во кокосово млеко на шпорет.

f) Тргнете го од оган и префрлете го во мрежеста цедалка поставена над голем сад за матење. Турнете со лажица или шпатула за да ги отстраните сите зачини.

g) Поделете рамномерно пудингот помеѓу 4-6 јадења и ставете го во фрижидер да се излади пред да го послужите.

h) За да направите сируп од цветови од портокал: измешајте ги сите состојки во мало тенџере и доведете до вриење на средна топлина. Тргнете од оган и оставете да се излади. Сирупот ќе се згусне кога ќе отстои.

i) Правење сируп од цветови од портокал на шпорет.

j) За да се состави, прелијте го пудингот со неколку ф'стаци и суво грозје, па наросете го со сирупот од цветови од портокал. Ако се чувствувате екстра фенси, можете да украсите и со неколку нишки од шафран.

k) Персиски пудинг од шафран - егзотичен без глутен, без млечни производи, рецепт за вегански десерт со шафран, ф'стаци и сируп од цвет од портокал

89. Мини колачи со портокал и шафран

Прави: 20-22 порции

СОСТОЈКИ:

ЗА ТОРТАТА:

- 1 g шафран
- 1 лажица рум
- 1 лажичка шеќер
- 3 органски јајца
- 1 чаша (180 g) шеќер
- 1 1/3 чаша (160 g) универзално брашно
- 1/2 лажичка прашок за пециво
- 2/3 чаша (150 g) путер, стопен
- 1 голем органски портокал (сок + кора од лимон)

ЗА ГЛАЗУРАТА ОД ПОРТОКАЛ И БАДЕМ:

- 1/2 портокал (сок)
- 2 лажици (30гр) шеќер во прав
- 2 супени лажици (30гр) сечкани бадеми

ИНСТРУКЦИИ

a) Загрејте ја рерната на 350°F (180°C). Во мала шолја за кафе, растворете го шафранот во румот со 1 лажичка шеќер. Оставете да се мацерираат најмалку 30 минути.

b) Во поголем сад изматете ги јајцата и шеќерот додека не станат бледи и поматени. Додадете го мацерираниот шафран во румот и мешајте додека не се соедини.

c) Просејте го брашното со прашокот за пециво и убаво измешајте.

d) Растопете го путерот во мало тенџере или во микробранова печка.

e) Во меѓувреме изрендајте кора од свеж портокал и исцедете ја со сок.

f) Додадете го растопениот путер во тестото, како и сокот и кората од портокал и добро измешајте.

g) Истурете го тестото во претходно подмачкана тава за печење 12 x 16 (или покриена со хартија за печење) и печете ја на половина пат околу 25 минути. Кога една чепкалка ќе излезе чиста, колачот е готов.

h) Во меѓувреме, подгответе ја глазурата со мешање на сокот од портокал и шеќерот во прав.

i) Намачкајте ја тортата со глазура од портокал и украсете ја со исечени бадеми. Оставете да се излади целосно додека не се стегне глазурата.

j) Исечете ја тортата со секачи за колачиња од различни форми (елка, ѕвездички, срце, ангели) и ставете ја во плех.

90. Шафран kulfi се појавува

Прави: 8 порции
СОСТОЈКИ:
- 1½ литар полномасно млеко
- ⅓ чаша Шеќер
- 1/16 лажичка Шафран во прав ИЛИ
- ⅛ лажичка Шафрански нишки
- 1 лажица врела вода
- 8 хартиени чаши ИЛИ
- Пергамент за готвење ИЛИ
- Восочена хартија
- 8 стапчиња сладолед (изборно)

a) Во тава од 6-8 литри на силен оган, измешајте ги млекото и шеќерот додека не се динстаат. На средно-висока топлина, се вари додека не се намали на 2 чаши, 25-35 минути, често мешајќи; лизгајте ја тавата делумно од оган ако млекото се заканува да зоврие. Оставете да се излади; за да се забрза ладењето, ставете ја тавата во ледена вода.

b) Ставете шафран во мал сад. Додадете врела вода, промешајте и оставете да отстои 5 минути. Раскинете ги нишките со мала лажица. Истурете ја смесата во топла смеса со намалено млеко.

c) Ставете хартиени чаши во тавче со раб. Или, за да направите шишарки, исечете 8 парчиња пергамент или восочена хартија на квадрати од 7-½". Преклопете го секое парче на половина за да направите триаголник.

d) Со долг раб кон вас, доведете 1 од аглите од 45' до врвот на триаголникот, а потоа превртете се кон друг агол. За да ја затворите дупката на дното, почнувајќи од горе, притиснете 1 внатрешен лист на спротивната страна.

e) Залепете го конусот на неколку места за да го држите заедно. Поддржете го секој конус, зашилен крај надолу, во чаша малку повисока од конусот; поставете чаши во тавче со обрач.

f) Смесата од млеко поделете ја на чаши или шишарки. Замрзнете се додека кулфот не стане густ, но не и тврд, 1 до 1-½ часа; потоа, по желба, турнете стапче за сладолед во секој сад. Замрзнете додека не се стегне, околу 2 часа подолго.

g) За да јадете, излупете ја хартијата. За складирање, запечатете го kulfi (сеуште во чаши или конуси) во пластична кеса; замрзнете до 2 недели.

ПИЈАЛАЦИ

91. Моктел со шафран и цимет

Сочинува: 4

СОСТОЈКИ:
- 12 унци вода
- 2 парчиња стапче цимет
- 2 парчиња свеж ѓумбир
- 3 ½ унци шеќер
- ½ лажичка прамени шафран
- ледени коцки
- ладна вода

ИНСТРУКЦИИ:
a) Во тенџере или тенџере измешајте ги стапчињата цимет, ѓумбирот и шеќерот со вода и зовријте на умерен оган.
b) Додадете го шафранот кога сирупот е малку густ и варете уште една минута.
c) Сирупот процедете го во бокал.
d) Додадете една лажица од секој од сирупот во 4 чаши, додадете мраз во секоја чаша и одозгора со изладената вода.
e) Украсете со резервираните прамени шафран и уживајте веднаш.

92. Коктел од шафран праска

Сочинува: 4

СОСТОЈКИ:
- 4 унци златен сируп или сируп од трска
- 1 лажичка прамени шафран
- 16 унци сок од праска
- 8 унци јаболков јаболко
- ледени коцки

ИНСТРУКЦИИ:
a) Во тенџере или тенџере, зоврјте 4 унци вода.
b) Додадете го златниот сируп и шафранот и мешајте додека тие двајца убаво не се соединат.
c) Тргнете го огнот и оставете го сирупот од шафран да се излади.
d) Процедете, покрјте и оставете да се излади во фрижидер.
e) Комбинирајте го сирупот од шафран, сокот од праска и јаболкото.
f) Сервирајте во 4 чаши што содржат мраз и послужете.

93. Ѓумбир-портокалова грмушка

Прави: 4–6

СОСТОЈКИ:

- 2 папок портокали, излупени и исечени
- 2 парчиња свеж ѓумбир, излупен и крупно исечкан
- прстофат конци од шафран + дополнително за украсување
- 7 унци шеќер
- 4 унци јаболков оцет
- разладена клубска сода
- ледени коцки

ИНСТРУКЦИИ:

a) Сегментите од портокал префрлете ги во стаклена тегла.
b) Додадете ги ѓумбирот, нишките од шафран, шеќерот и оцетот и изматете ги состојките додека не се соединат добро.
c) Зашрафете го капакот и добро протресете ја теглата.
d) Процедете ја смесата со газа во бокал и ставете ја во фрижидер додека не се излади.
e) Прелијте со разладена клубска сода и сервирајте над мраз.

94. Исцелување Ласи

Прави: 2 порции

СОСТОЈКИ:
- ½ шолја јогурт од кокос-бадем
- ½ чаша прочистена вода филтрирана или изворска
- 1 Датум на Меџол исфрлен
- изклинвам куркума во прав
- изклинвам цимет во прав
- изклинвам кардамон во прав
- 3 шафрански стигми по желба

ИНСТРУКЦИИ:
а) Ставете ги сите состојки во блендер и пулсирајте 2 минути додека не се изедначи.
b) Пијте веднаш.

95. Лимонада со шафран и роза

Сочинува: 4

СОСТОЈКИ
- 1 чаша свежо исцеден сок од лимон околу 3-4 лимони
- 1 чаша шеќер прилагодете по вкус
- ¼ лажичка прамени шафран
- 1 лажица розова вода
- ⅛ лажичка мелени семки од кардамон
- Прстофат сол
- 5 чаши вода поделена: 1 чаша за едноставен сируп + 4 чаши за лимонада
- Мраз

ИНСТРУКЦИИ
НАПРАВЕТЕ ЕДНОСТАВЕН ШЕЌЕРЕН СИРУП
a) Во тенџере на средно-силен оган ставете ги шеќерот, шафранот, меленото семе од кардамон и водата. Загрејте додека шеќерот целосно не се раствори, околу 3 до 5 минути.

b) Оставете да се излади. Додадете ја розовата вода и прстофат сол. Сирупот истурете го во стаклена тегла и чувајте го во фрижидер. Најдобро е целосно да се излади пред да се направи лимонадата.

ДА СЕ НАПРАВИ ЛИМОНАДАТА
c) За да направите целосна серија лимонада, наполнете бокал со 4 чаши ладна вода и многу кршен мраз. Додадете го сокот од лимон и изладениот едноставен сируп од шафран. Добро измешајте да се соединат. Послужете ладно.

d) За да направите помали, индивидуализирани порции, додадете 2 лажици сок од лимон и сируп од шафран шеќер во 1 чаша ледена вода.

e) Вкусете и додадете повеќе сируп или вода за да го прилагодите вкусот. Уживајте!

96. Шафран старомоден

СОСТОЈКИ

- 2 мл виски од 'рж
- 2 цртички ароматични горчици
- ¼ унца едноставен сируп од шафран зачин Руми
- 1 кора од портокал за украс
- 1 Луксардочери за гарнир

ИНСТРУКЦИИ

a) Додадете едноставен сируп од шафран, виски и горчици во старомодна чаша, а потоа нежно измешајте 20 секунди.

b) Додадете 1 до 2 големи коцки мраз и промешајте уште неколку пати додека пијалокот не се излади.

c) Превртете кора од портокал над пијалокот. Напитокот украсете го со кора и цреша.

97. Освежувач на сумак и шафран

Сочинува: 4

СОСТОЈКИ

- 15 до 20 прамени шафран, плус неколку дополнителни прамени за украсување
- ½ чаша (100 g) шеќер
- 3 мешунки зелен кардамон, искршени
- ¼ чаша (30 g) мелен сумак
- 3 шолји (700 ml) разладена клубска сода или вода

ИНСТРУКЦИИ

a) Измелете го шафранот со 2 лажици. шеќер до ситен прав со помош на малтер и толчник.

b) Во средно тенџере на средно-силен оган, измешајте 1 чаша (240 мл) вода, шеќер, кардамон и смесата од шафран во прав и оставете да врие, мешајќи додека не се раствори шеќерот. Тргнете го од оган и измешајте го сумакот. Покријте го тенџерето со капак и оставете го да отстои 30 минути, не повеќе. Процедете ја течноста преку ситна мрежа цедалка над средна чинија и изладете ја пред да ја подготвите за сервирање.

c) За сервирање, наполнете четири високи чаши со мраз. Во голем бокал, измешајте го сирупот со разладената сода или вода. Истурете 1 чаша (120 ml) од пијалокот во секоја чаша. Украсете ја секоја чаша со 1 или 2 прамени шафран. Остатоците чувајте ги во херметички затворен сад во фрижидер до 1 недела.

d) Сумакот е богат со лимонска, јаболкова и винска киселина, но и со горчливи танини. Потопувањето во вода ги раствора киселините растворливи во вода.

98. Сафран Шербети (Сафран Срдечен)

Сочинува: 4

СОСТОЈКИ
- 2 лажички гранулиран шеќер
- 1 прстофат шафран (15 до 20 прамени, околу 1/4 лажичка)
- 4 ¼ шолји вода
- 1/2 лажичка мелен ѓумбир
- 1 лимон, тенко исечен, плус уште за сервирање
- ⅓ чаша мед

ИНСТРУКЦИИ
a) Скршете го шеќерот и шафранот со малтер и толчник до ситен прав. Стави на страна.
b) Ставете 4 1/4 чаши вода, ѓумбир и парчиња лимон да зовријат во средно тенџере на високо ниво. Се вари 2 минути; тргнете од оган. Измешајте ја смесата со шафран; оставете да отстои 10 минути. Промешајте со мед. Покријте и изладете 4 часа.
c) Послужете срдечно разладено со парчиња лимон.

99. Коктел од мед, лимон и шафран

Прави: 1

СОСТОЈКИ

- 1 ½ oz (45 ml) цветен џин
- 6 пестици шафран
- 1 мл (30 ml) мед
- 1 oz (30 ml) сок од лимон
- 1 чаша (250 ml) коцки мраз
- ½ oz (15 ml) сув бел јаболков вермут
- 2 oz (60 ml) газирана вода со лимон
- 2 зелени маслинки

ИНСТРУКЦИИ

a) Во помал сад измешајте ги џинот и шафранот. Оставете да кисна 20 минути. Се процедува во шејкер за коктели и се оставаат пестиците од шафран на страна.

b) Во мал стаклен сад загрејте ги медот и сокот од лимон во микробранова печка 30 секунди. Мешајте додека не се раствори медот. Додадете коцка мраз за да се излади смесата.

c) Во шејкерот за коктели, енергично измешајте го џинот наполнет со шафран со мешавината од мед, вермут и ¾ чаша (180 ml) од коцките мраз.

d) Ставете ги преостанатите коцки мраз во чаша Бостон Шејкер. Процедете ја смесата за џин во чашата. Дополнете со газирана вода.

e) Украсете со три од резервираните пестици од шафран.

f) Навојте ги маслинките на коктел и ставете ги во чашата.

Прави: 6 порции

СОСТОЈКИ

- 3 лажици чиа семе
- 5 лажици мед
- 1500 мл млака вода
- 4 лажици розова вода за готвење
- 1 лажица екстракт од цвет од портокал
- Истурете шафран растворен во 3 лажички топла вода

ИНСТРУКЦИИ

a) Прво ставете шафран конци во чаша и истурете топла вода во чаша. Покријте ја чашата додека го подготвувате пијалокот.

b) Во тегла измешајте мед со млака вода (не топла). Додадете чиа семе и нежно измешајте. Додадете розова вода и екстракт од цветови од портокал. Покријте ја теглата и чувајте ја во фрижидер додека не се подготви водата со шафран околу 2 часа.

c) Додадете вода од шафран во напитокот од семето чиа и полека мешајте. Оставете да отстои покриено во фрижидер уште 6 часа.

d) По ова време, пијалокот има прекрасна желатинска текстура.

e) Уживајте!

ЗАКЛУЧОК

Шафранот обично е безбеден кога луѓето користат мали количини во готвењето или како чај. Тоа е исто така преполно со антиоксиданси. Меѓутоа, пред да земете шафран, проверете кај вашиот давател на услуги за да бидете сигурни дека е безбеден за вас.

Многу малку од овој бурен жолт, лут зачин оди многу долг пат, а само фракции од грама шафран може да внесат разновидни јадења со живописен, вкусен карактер.